教育・保育の現在・過去・未来を結ぶ論点

汐見稔幸とその周辺

無藤 隆／大豆生田啓友／松永静子
［編著］

エイデル研究所

目次

第３章　子どもと環境

第４章　子どもと持続可能な社会

第５章　乳児保育の現在

第６章　教育思想と現代教育

第７章　子どもの育ちと教育・保育

第８章　これからの学校教育

終章

教育・保育の現在・過去・未来と汐見稔幸という生き方

無藤 隆

Takashi Muto

汐見稔幸をどう論じることが可能なのか。そのような一人の人間を論じることがいかにして教育・保育の現在と過去と未来を考えることになるのであろうか。その二つが表裏一体であるということが、実は汐見さん（以下、そう呼ばせてほしい）の生き方にある。その理由を述べることがおそらくこの標題の問いかけに応えることになるだろう。

ややパーソナルに

そもそも、私は長年汐見さんと付き合いがあり、大学院時代、学会、そしてとりわけ白梅学園大学においては同僚という形であった。といっても、個人的に親しいというほどではない。といって疎遠ではなく、会えば親しく会話を交わす。率直な意見交換もできる。そもそも大学院時代以降の専門は、汐見さんは教育学の中でも教育哲学・教育史が狭義の専門であり、私は発達心理学・教育心理学が本来の専門であり、学会でよく会うということではない。

　一番大事な接点は保育・幼児教育への関わりにあり、そこを狭い意味での専門としてきたことと、さらにおそらくそこでの実践への関わりの継続とその実践者へのリスペクトする姿勢にあるのではないか（自分がそうだというのは面はゆいが、汐見さんは確かにそうだ）。同時に、背景となる学問への愛着と、常にそこでの知見との関連の中で実践を見直そうとしている点も共通だと思う。そしてそういう点を感じたからこそ、十年以上も前に白梅学園が短大だけのところで四年制大学を設立したとき、私が一足早く学長になり、次いで、汐見さんをぜひにと本学に招いたのである（そして次の学長を3期にわたり務めて頂いたのである）。

最終講義から

こういう私的なことをわざわざ語るのは、それが汐見さんの生き方そして学問また実践への関わり、さらに日本全体への大きな見通しと構想につながるものだからである。その点を探るために、まず手がかりとして、白梅学園大学の最終講義からいくつか引用したい（汐見稔幸教授最終講義記録、2018年3月9日、白梅学園大学）。私にとってとりわけ印象が残るところであり、また汐見さんが示す極めて大きな教育への学問と実践の融合するあり方へのヒントとなるものである。

大学院の頃のことから。「人間にとって表現というのはどれだけ主体性を保つために大事かということを書いた文章があって、僕もそれに共感した。」「生活というのはlifeです。……lifeを書くんだと。lifeとは命のことでもあります。英語でlifeというのは命であり、日々の営みであり、人生です。（当時

テーマにしていた）生活綴り方というのは、自分のいのちの営みのことを書いてそれをいのちの物語にしていく営みなんです。」「もともと人間は、たった1回しかない命（life）をもらってきて、その命をどういうふうに輝かせたら納得のいく私の人生（life）をつくれるのか、『とにかくそれを自分で納得のいくように探すんだよ。その探求を一生懸命応援するからね』と。それが教育なのではないかと私は思うようになっていったのです。」「子どもが育つというのは、時代、世界、環境と向き合って生きている人間が、その時代、世界、環境の何かに深い興味・関心を持ち、その興味・関心に突き動かされたその子の『いのち』がうごめきだして、自己の内面を活性化したときにその内面をどう価値付けていくのか、ということの繰り返しの中で、次第に自分がこの世の中、この生の世界で生きている中で深く求めているものを自覚するということではないか。」

そしてこう述べることがその後の幅広い活躍につながるようだ。「保育も教育も同じで、『自分は一体何を求めて生きているのか』ということを探すことが、実は人間の一番のミッションで、それを手伝うのが教育だと思っています」。そこから視野が広がり、「人類史的保育学」を構想するに至るのである。「人間はどういう条件ができたときに人殺しつまり戦争をしなくても生きていけるか」「『人類史』の視点があるとわかりやすいのではないか。」「私は、私たちの中に頭にきたら殺しちゃえという回路が潜在的に入っている、そういう潜在的な回路をみんな持っているんだと思うようになりました」。そうしないで済むのはなぜか。「それは人間が獲得したもう一つの本能が多様に働いているからではないか」。「協同することの喜び」、「協同力」と「共感能力あるいは共苦能力」を身に付けたからではないか。「私たちの対他関係の回路には、大きく分けると『攻撃性につながっていく回路』と、『共感性を強くしていく回路』とがあって、実は小さいときからその二つが拮抗する形で働いているのではないか。」「そうした共感された喜びの回路がたくさん残っていく」。また、

「攻撃性を文化の形にしていく。」「攻撃性はいろいろなものにチャレンジするある種のエネルギーでもあるということです。それを文化化していく。その文化化する契機になるのは深い共感です。」

そういう思索の発展の中で例えば『エミール』を読み返す。「自分を大切にすることをまず徹底的にやれという。」「もう一つ大事にしなければならないのが、pitie（共感・共苦の気持ち）という感情です。」「子どもたちがもともと持っているものをまず大事にさせ輝かせていく、それを教育の原理にしなければならない。」

そして実践の小さなところに目を向けて社会のあり方を捉え直そうとする。「今は大きくするのではなく小さくすることが大事だと思っていて、あらゆる実践の基本原理に『小さくする』ということを置くことを考えている」。そしてもう一つは「真理は1つという真理観を相対化することも大事」である。「真理が1つだとは——1つかもしれないけれど——想定しない。その都度その都度、topos（場）に従って解が協働で創造されていくんだ。」「攻撃性を文化化していくことは大事なことで、それが子どもにとっては遊びになり、大人にとっては科学や芸術をめぐる議論になる。……現在の局面は、共感的、コミュニケーション的な価値志向がそれと並行して強く求められている。」

こうまとめている。「子どもに近づいていけばいくほど、子どもというものが本当に愛おしく思えてくる。それは自分の中にあるいのちの輝きが愛おしくかんじられるようになるということです。」「今はいろいろな分野で一生懸命、生きて仕事をしている人たちのあらゆる生活の側面で、『共感する』ことの大事さ、ありがたさ、うれしさ、そういうものをいろいろな形で具体化していくことが、これからの社会をつくっていく上で教育学者が提案できる原理ではないか。」

生き方と学問と実践の循環するあり方

どうやら汐見さんは高校生くらいから一貫して、人間とは何か、誰もが生き生きとそして幸せに生きられる社会とは何か、そこで何ができるのかを問うてきたらしい。それはもちろん簡単な答えはない。

そこで汐見さんは学問の視野を大幅に拡大する。狭義の教育学とりわけ教育史の研究があり、しばしばルソーにもどって考える。それ以外の学問への目配りの良さは驚くほどだ。それはいわゆる実証的な研究も教育思想も包含する。

同時に、保育実践への関わりは常に具体的であり、現場に行き、そこでの実践者と共に考えていく。わかりやすい正答が提示されるのではない。考えるのは実践者自身であり、かつ実践の中でそれを通して考えていく。それを汐見さんは応援し、時に共に悩み、時には知見を提供し、さらに先を行こうともする。

その実践への広がりは大きく、制度化された小さな子どものための幼稚園・保育園ということや小学校ということにとどまらず、しばしば家庭での子育てについても関与している。いわゆる子育て相談であるが、その背景にはまさに人類史的な家庭また子どもの育ちへのあり方への展望がある。

制度の改革への関わりも継続して進め、これからの特に幼保のあり方を構想し、具体的な提言とし、時に行政側と協力して具体化している。それは現実的に考えていくことなのであるが、同時にその構想では10年程度にとどまらず、将来の日本社会、そしてグローバルな社会への可能性を開こうとする。その根には日本全国、さらにアジア・アフリカを含む世界の諸地域での保育や子育てのあり方への見聞があり、常にそのローカルでありつつ、グローバルな中に日本を位置付けて考えている。

付け加えると、その様々な人との付き合いの広がりは驚異的だ。いわゆる

研究者と実践者、行政やメディア関係者にとどまらず、芸術家やＮＰＯその他で社会改革に携わる人たちなど多岐に広がっている。それは単なる社交性の気質だけのことではない。まさにいろいろな分野で生きて仕事をする人たちへの共感するということの実践なのであろう。

第1章　乳幼児教育と保育

保育学のこれから

秋田喜代美
Kiyomi Akita

保育を学問として問う保育学の射程は、きわめて広い。しかしその原点は、子どもに関わろうとして保育を探究する者の切実な願いや祈りにも似た思いから始まる。保育実践者、保護者、研究者、社会の人々が、ヒトの最初期である乳幼児期に、子ども一人一人にどのような眼ざしを向け、いかなる育ちを願い、そのためにどのような実践を保育の場として生成していくのか、家庭や地域と共にその場をどのように創出するのかという問いから始まるのが、保育学の原点であるだろう。時代が変わろうとも、私ども一人一人が、子どもたちの幸せのために、何を引き受け何を望むのか、そのためにどのような声を聴き取

り、それをいかなる言説によって社会に示し考えていくのかが、学術としての保育学である。そのあり方に、研究の内容や方法は関わってくる。しかし、そのための問いの問い方自体が、これまでに比べてこれから大きく変化していくだろう。

その一つは、保育、保育実践そのものの変化である。それは社会の変化、家族の変化によるものである。二十二世紀にむけて急激な社会変化はさらに進むであろう。少子高齢化の中で、減少する子どもたちに何を託すのか。また社会経済格差は、国や地域、そしてその中での家庭間の格差を生み出している。待機児童の増加、子ども・子育て支援新制度の開始、幼児教育の無償化の流れの中で、乳児保育のニーズはさらに高まるだろう。そしてその中で自治体の経済格差によって、公立保育所や公立幼稚園を財政的に支えられなくなる自治体では、民営か私立の乳幼児保育・教育への依存率が高まるだろうことは明らかである。また小規模保育や、家庭的保育、事業所内保育、企業主導型保育などの保育運営主体や施設のあり方の多様化も生まれている。待機児童がいなくなり子ども

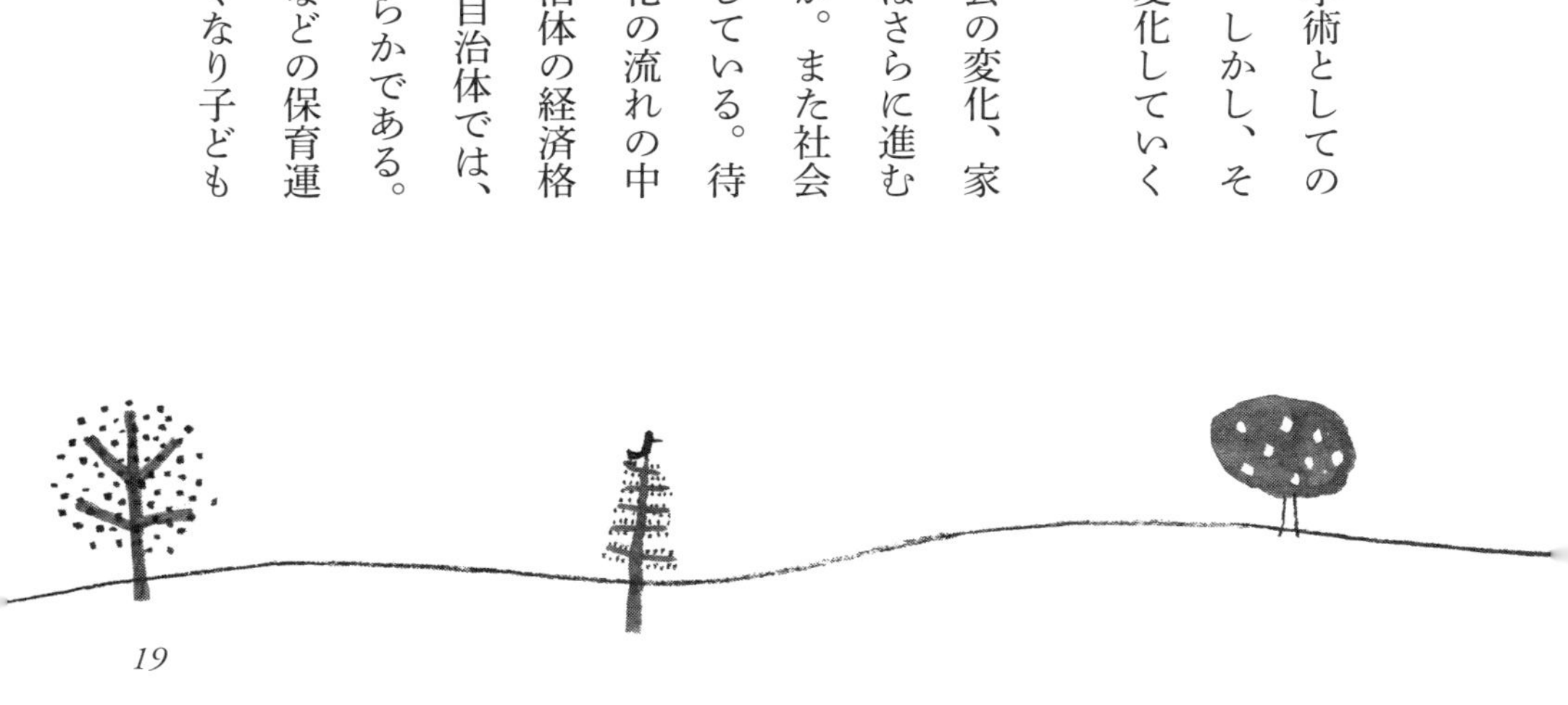

の数が減少に転じた後、どのような制度を私たちは考えていく必要があるだろうか。乳児期からの子どもたちの健やかな保育のために、何が求められるのか、そのためにどのような保育実践が営まれる必要があるのかを、子どもたちの姿を見つめ、それを長期的な社会動向を見据えて解き明かしていくことが必要となるだろう。

そしてそれは、保育者一人一人、それぞれの園の質向上の努力だけに任せてすむものではない。国や自治体、それぞれの施設や専門家が組織する団体や地域の保育研究や養成に関わる大学、短大専門学校等のチームによる支援とそのあり方を考えていく必要がある。

保育は、子どもたち一人一人の最善の利益を保障し、心身の健やかな育ちを保障するという役割だけではなく、地域において子どもたちを中心としたコミュニティの形成の基盤を担う役割も、少子化の中でさらに期待されよう。子どもたちの育ちを中核にした希望の環の中で、親が共に集いつながり、保育者や地域の人々と共に、市民としてのつながりを生み出す場に、保育・幼児教育の場は

なっていく必要がある。子どもたちが人生最初期に経験する暮らしの営みの中にある地域の文化や風景、人と人のつながりが、生涯にわたる原風景になる。この意味で、子ども一人一人を大事に育む保育のあり方と共に、子ども同士、保護者同士、そして保育者や地域の多様な人々がつながりあう地域社会創生のあり方もまた、保育学の射程に入る重要な問いである。それは、子どもの育ちのための全国一律のスタンダードとしての基準の解明や、制度としての保幼小連携接続の実現という課題以上に、日本の未来を長期的に考えると、問うていかねばならない課題である。保育の場は、人が育ち育みあう地域拠点である。

少子化の中で、多様な国や文化背景を持つ人が日本においても増えていくだろう。また、小児医学の発展により、低出生体重や多様な障がいをもった子どもたちの命も保障できる時代となってきた。保育の中でのインクルーシブ教育、ダイバーシティを保障した保育教育とは何かが改めて問われなければならなくなるだろう。子どもたちに人生最初期から、共生社会を担う人として育つことが期待される。こうした意識やその専門性を園や保育者はどのようにして育む

ことができるかを考えていく必要があるだろう。それは保育の未来を形作るだけではなく、これからの社会の未来へのビジョンの形成ともなる。

他方、電子情報技術の進展は、国を越えた対話を容易に可能にすることでグローバル化を推し進めてきた。また、画像記録や解析技術の進展はこれまでにはないほどの大量の情報の記録や保存を可能にし、誰もがデジタル動画や写真を用いて、子どもたちと、職員間で、また保護者と対話を共有することが可能となってきている。その意味で過去の記録を通して今や未来を形作ることもできるようになっている。Society 5.0とも呼ばれる時代において、保育の営みという高度な判断業務は、保育者の専門性によって保障されていくだろう。しかしその専門性を発揮できるところとは別に、ＡＩ等が代わりに担える部分はどこか、業務負担を軽減していくために何ができるかを明らかにすることも求められる。音や光、二酸化炭素濃度など、保育室内外の見えにくい環境を可視化することで、子どもたちにとって心身ともに安心安全で快適な環境を保障することの解明も、保育学が他分野領域と協働し解明を進めるべき課題となって

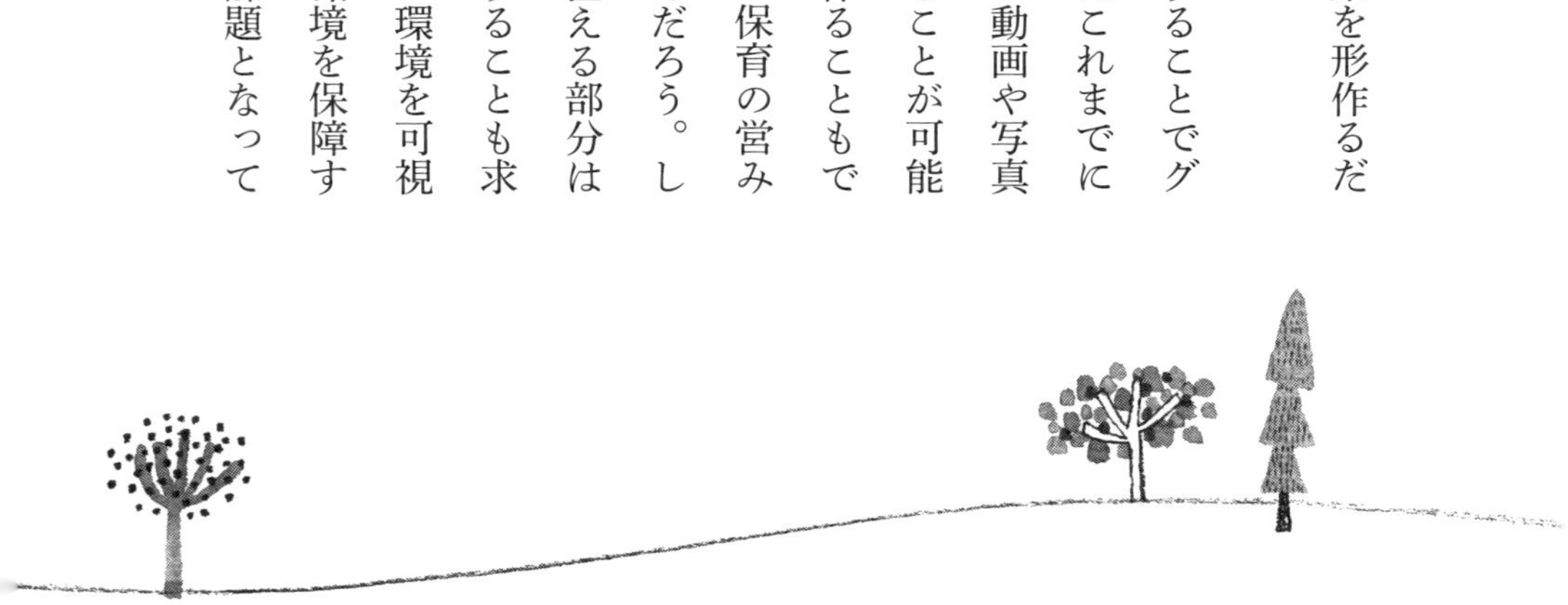

いくだろう。また一人一人の子どもたちの保育を手持ちカメラで記録する時代から、室内全体のカメラやセンシング機材と顔認証によって、それぞれの子どもの行動のビッグデータが環境や保育者との関係で解析できる技術も進んでいる。それらは研修の一助になると同時に、保育者同士、保護者と保育者との対話をより深める一助にもなっていくだろう。ドキュメンテーションやポートフォリオなどもより容易に作れる可能性も検討されていくだろう。

　しかし、それらの開発においても求められるのは、保育者が子どもをいかに見とるかであり、どのような知恵と対話が園の中や園間で共有されることで、保育をより深く理解する可能性を拓くことができるかの検討が求められる。また、これまでの保育学は園の中、保育室の中での保育者と子どもの関わりが研究の多くを占めてきた。しかしそれに加えシステム的、コミュニティ的発想での検討、デジタルを含めた学際アプローチの検討も新たな保育学の道として必要である。保育者の仕事が補助者や非常勤パートの比率増大や機械化に単純に流れてはならない。保育者の高度な専門性の解明、園という場全体のシステム

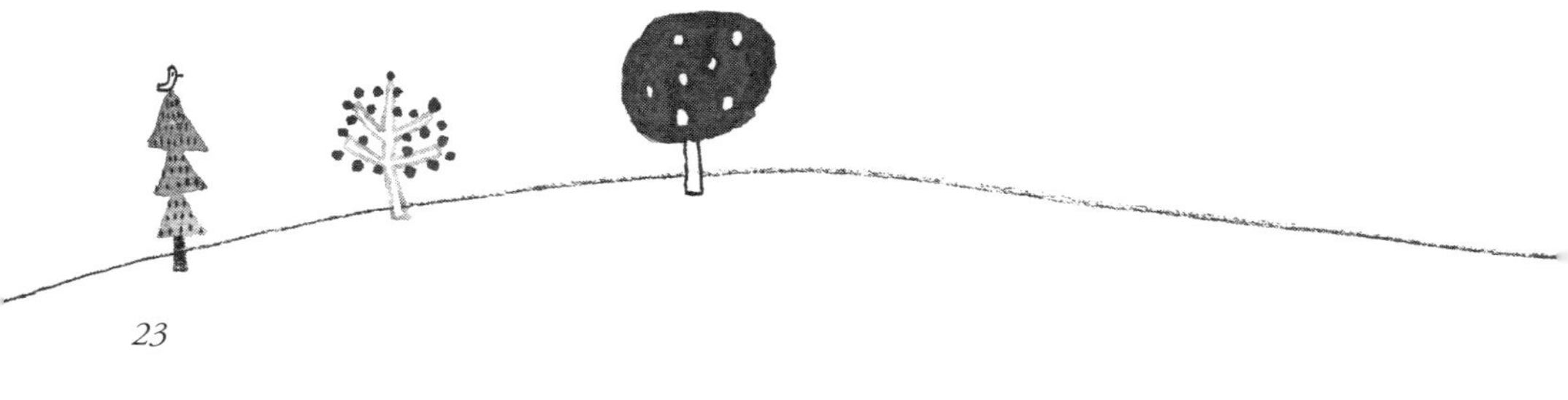

デザインが、子ども、保育者、保護者の幸せにいかにつながるかが、デジタル化が進む時代だからこそ、これからの保育学では解き明かさなければならない課題なのである。

しかし、技術革新がいくら進展しても、人は命ある生き物であり、他生物と共に地球環境に共生している存在であることを忘れてはならないだろう。人生100年時代の人生最初期の出会いの場である保育こそ、このことを考えなければならない。安全安心で快適便利な生活の背景には、子ども自身が危険を自ら予知し自ら命を守ることのできる、身体的精神的なリスク管理能力の育成が、乳幼児期に今後さらに必要となろう。土や砂、自然のある戸外で十分に遊ぶ中で感性や感覚を育むこと、そのための「子どもの庭」が求められる。人が人として生きるための関係と環境、人間の尊厳とは何かを問うことが、これからの保育学では一層問われるだろう。保育実践のための実学と社会一般から思われがちな保育学である。しかし、それにとどまることなく、ヒトが人として幸せに生きる根源のあり方を問う学術であることを私たちは改めて認識する必要があ

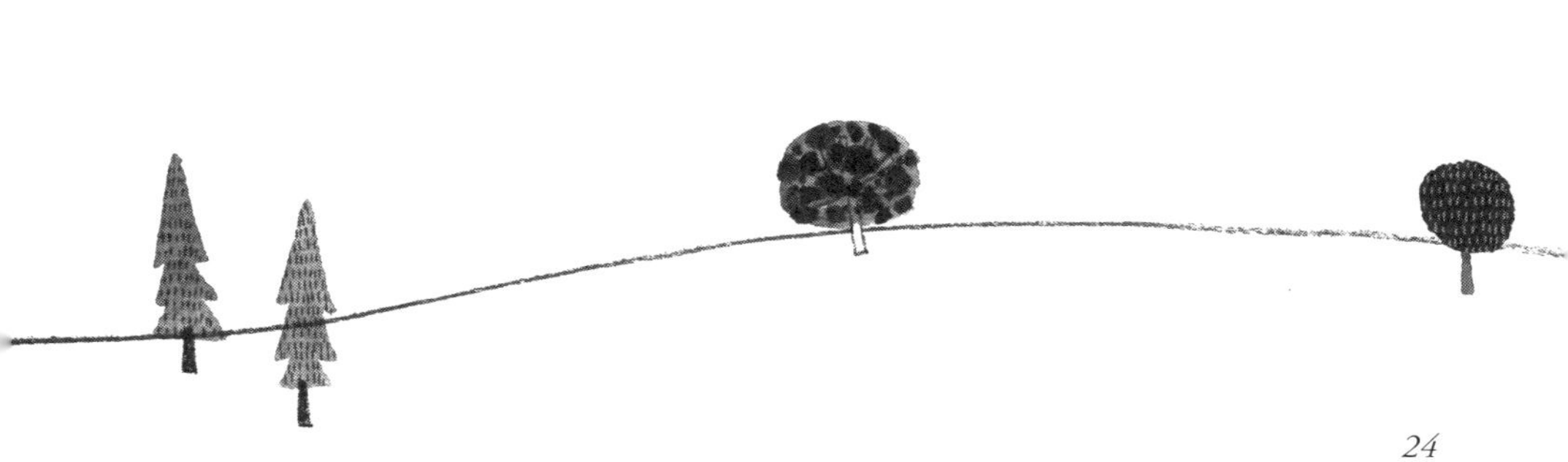

る。人間の希望を生み出す学問としての保育学の歩みを先達の保育学研究者から学び、そして日本の保育者と保育実践に誇りを持って、皆の知恵を生成しながら共に前に進んでいかなければならないだろう。二十二世紀が「児童の世紀」から、「子どもたちと保育者・保護者の希望の世紀」になることを、保育学者として願っている。

「子どもを人間としてみる」保育

佐伯 胖
Yutaka Saeki

「子どもを人間としてみる」といえば、「そんなことは当たり前でしょう」と言われるかもしれない。しかし、残念なことに、私たちは気づかないうちに、いつの間にか「子どもを人間としてみない」考え方に引きずられている。

「子どもを人間としてみない」というのは、実は、「子どもを教える対象としてみる」という見方を前面に打ち出すことで、多くの場合、その裏で「子どもを人間としてみない」という見方に引きずられるのである。

それでは、なぜ「子どもを教える対象としてみる」ことが、多くの場合、「子どもを人間としてみない」ことになるのか。それは多くの場合、「教える」とい

うことを、おとな（教師）が子どもを〝望ましい姿〟に変えようとして働きかける（つまり、「教化する」）ことだとしており、子どもを「教化」の対象とみることは、必然的に、「子どもを人間としてみない」ことになってしまうのである。しかし、これには次のように反論する人もいるかもしれない。「子どもを〝望ましい姿〟に変えようとする」場合の〝望ましい姿〟というのが、〝人間として望ましい姿〟なのだとしたら、それを実現しようと働きかけることは、「子どもを人間としてみる」ことと矛盾しないのではないか。

それに対しては次のように反問したい。「人間として望ましい」とはどういうことか。またそれは誰がきめるのか。

「人間としての望ましさ」ということは、「人間としての〝善さ〟」と言い換えてもいいだろう。ところでこの〝善さ〟については、G・E・ムーアの『倫理学原理（*Principia Ethica*）』以来、それは「なんらかの外的基準をもっては定義できない」ことになっている。それは、人間が本来的に、その人自身がかかわろうとする外界・他者との関係から、「善くありたい」という願い（訴え）として表出さ

れ、それが、かかわる外界・他者（それぞれが独自に「善くありたい」存在）との相互交渉によって、相互調整されて実現に至ることなのである。

そうなると、「子どもを人間としてみる」ということは、一人ひとりの子どもが、それぞれの外界・他者とのかかわりの中で、独自に、「善くありたい」と訴える権利をもち、私たちはその訴えを聴き入れる義務を負うということである。このことは、障がいのある子ども・人との共生社会を謳った「サラマンカ宣言」がいう「すべての子どもは、ユニークな特性、関心、能力および学習のニーズをもっており、それらは聴き入れられるべきである」ということと相通じている考え方である。この考え方は、おとな（教師）が「子どもを〝望ましい姿〟にしてあげる」という、子どもを「教える対象としてみる」こととはあきらかに対立している。

「子どもを人間としてみる」ということが、一人ひとりの子どもが、それぞれの外界・他者とのかかわりの中で、独自に、「善くありたい」と訴える権利をもち、私たちはその訴えを聴き入れる義務を負うということだとしたならば、そ

れは、子どもと私たちおとなとの関係が、まずは対等な人間同士の「二人称的かかわり」とならねばならないことを意味している。

この「二人称的かかわり」を築くためには、それを妨げている「三人称的かかわり」からの脱皮が必要であることを訴えたのは、ヴァスデヴィ・レディ（Reddy, Vasudevi）である。レディは、『驚くべき乳幼児の心の世界―「二人称的アプローチ」から見えてくること―』（佐伯訳、ミネルヴァ書房）で、次のような体験を語っている。彼女は長年「発達心理学者」として子どもをみてきたのだが、自ら出産して我が子と対面したときに、心理学的にとらえてきた見方が、子どもを「三人称的に」みてきており、我が子を「あなた」としてかかわる「二人称的かかわり」をしてこなかったのである。そのために、子どものすばらしく驚くほど「人間らしい」姿が見えず、子どもの側からの二人称的な「人間らしいかかわり」に応えてこなかったことがわかったというのである。

レディが「二人称的かかわり」の重要性に気づいたのは、「子どもを教える対象としてみる」という〝教化〟への反発からではない。そうではなく、「子どもを

科学的（心理学的）研究対象としてみる」ということでわたしたちは「三人称的かかわり」に陥り、そのために、本来の子どもの驚くほどの人間らしさを見損なってきたことへの反省からである。

そのことを示す事例として、同書でも繰り返し引用されている「ナジとモナルの実験」（Nagy, E. & Molnar, P. (2004). Homo imitans or homo provocans? Human imprinting model of neonatal imitation. *Infant Behavior and Developmnet*, 27, 57-63.）を以下に紹介しておこう。

生後数時間の新生児でも、対面するおとなが舌を出すと赤ちゃんがそれを模倣する（赤ちゃんも舌を出す）ということは、「新生児模倣」としてよく知られている。ナジとモナルは、以下のような実験を行った。

①モデルの舌出しと赤ちゃんの模倣ということを数回くりかえしたあと、
②モデルは舌出しをしないで赤ちゃんをただニコニコ見つめる。
③赤ちゃんはしばらくモデルの顔をじっと見つめているが、しばらくすると今

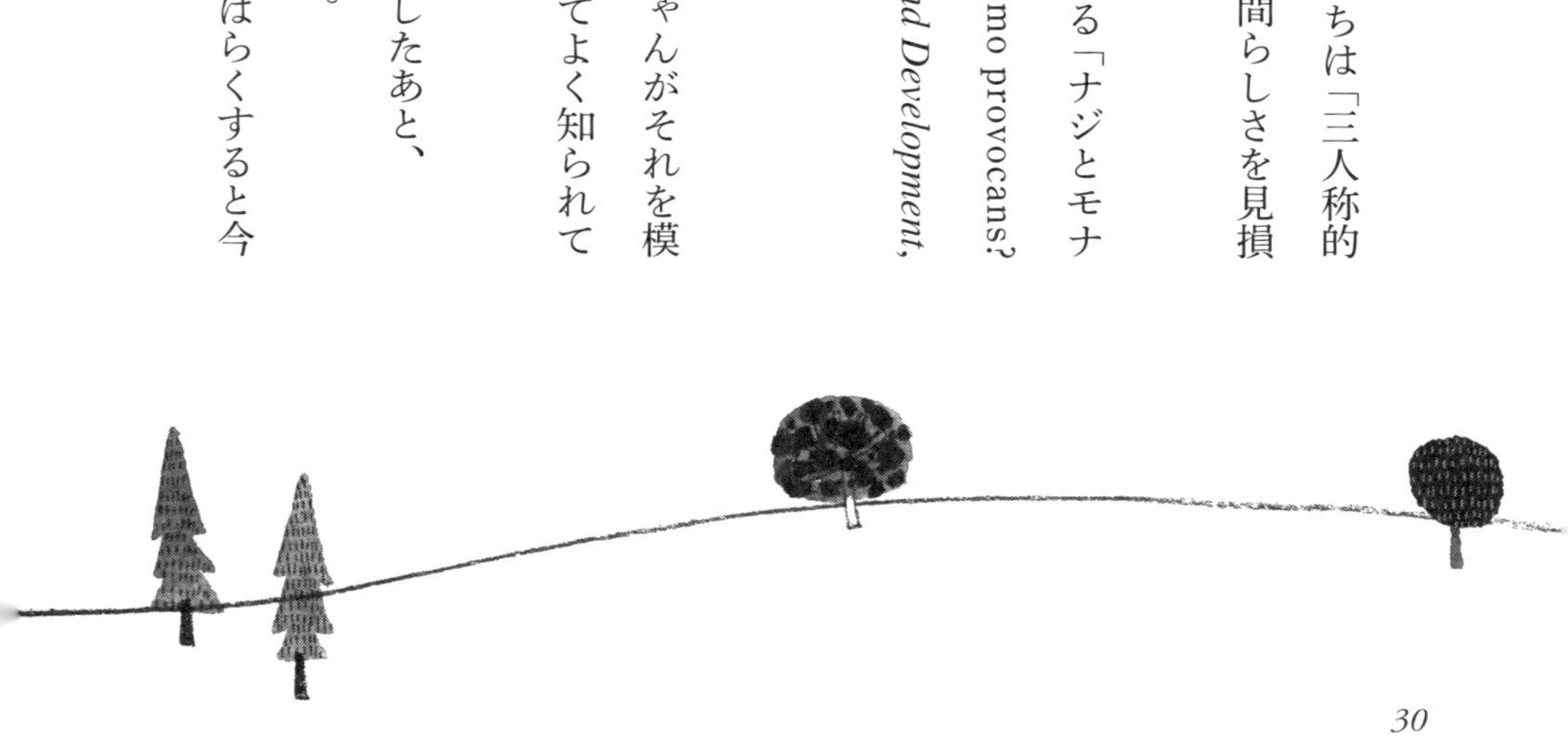

度は自分から舌出しを始める（誘発的舌出し）。
ところで、①で、赤ちゃんは模倣行動のとき、心拍数は上がる（自分から舌出しをしよう努力する）。ところが②③のときは、当初モデルの舌出しを期待し、待ち望んでいる様子で、じっと集中して待機するため、心拍数が定常状態より低下する。それから心拍数を上げて（モデルに舌出しを誘う）「誘発的」模倣をすると、心拍数は急激に上昇する。ちなみに赤ちゃんが何かに集中して「期待」しているときに心拍数が下がることは、過去のさまざまな実験からわかっている。モデルが舌出しで応えると①と同じ状態になる。

赤ちゃんは、おとなが舌を出すと、それを自分と（二人称的に）かかわろうという「誘い」の〝あいさつ〟のように感じて、それに〝応える〟ために、舌を出し返すのである。ところが、今度は赤ちゃんの側から舌出しで応じてあげたのに、それに対するおとなの側からの対応がないので、それを「じっと待っている」（心拍数が下がる）のだが、ちっとも応じてくれないので、やむを得ず、赤ちゃ

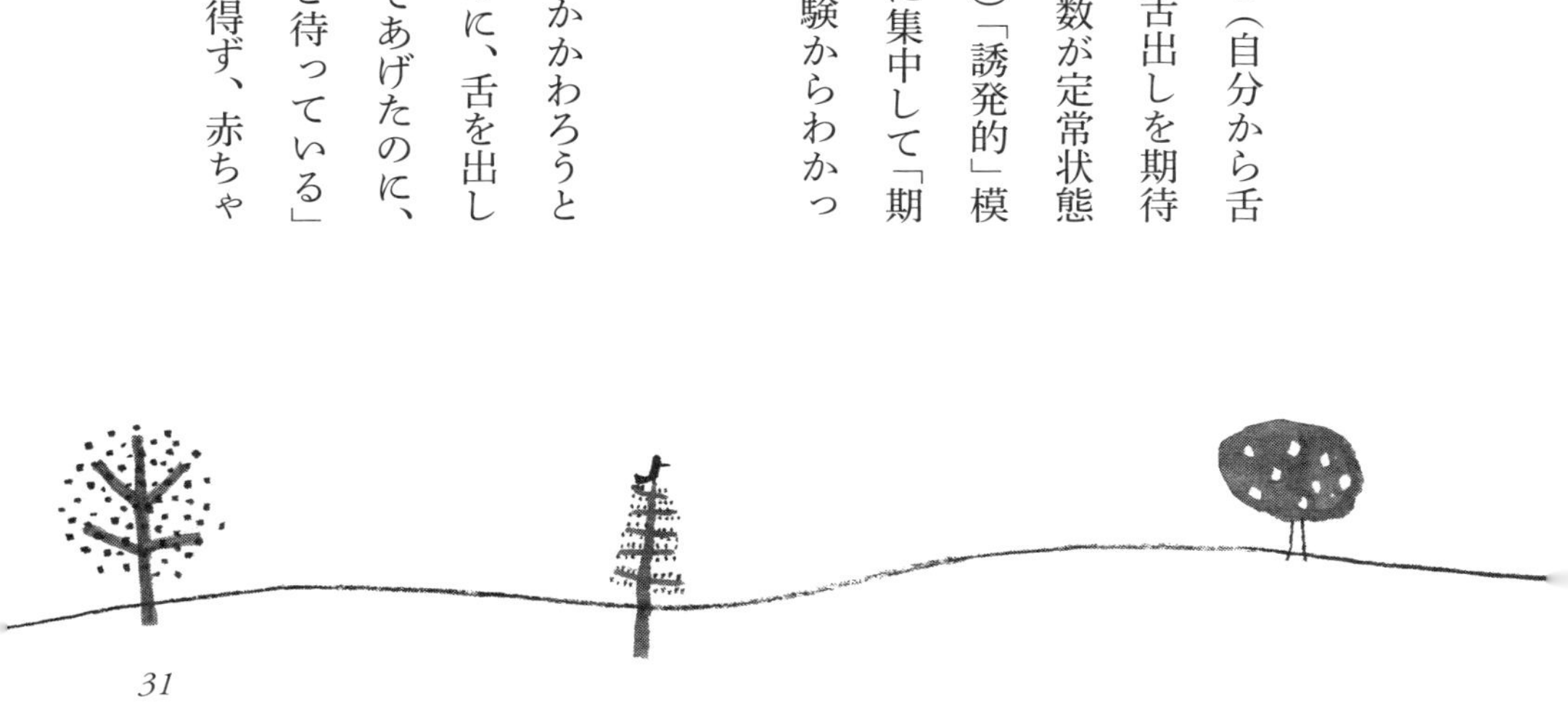

んの側から「誘発的に」(あなたもちゃんと舌出ししなさい、という意味で)舌を出す、というわけである。

この実験はたしかに「心理学的実験」なのだが、舌出しの応答というよく知られている「実験」場面で、赤ちゃん自身が本当は何を「願い」、何を「訴えているか」を、赤ちゃんに「なりかわって」感じ取り、その赤ちゃんが「感じていること(情感込みの訴え)」をなんとかして測定しようとして、そのような「情感変動」を計測するのには、心拍数の変化をみることができると考えついたのである。

赤ちゃんは生まれて数時間後でも、出会う相手(おとな)とは、あいさつを交わし合う二人称的関係を求めているということを、これほどみごとに示した実験は私の知るかぎり他にはない。

レディは、「二人称的かかわり」を求めそのようなかかわりを作り出そうとするのは、まずは赤ちゃんの側からのことであるとするのである。それはわたしたちへの「誘い」であり、おとな(親、保育者、研究者など)には、それに「二

人称的に」応じてあげる責任があるというのである。

レディは、その際、赤ちゃんが求めている「かかわり」は、「情感込みの〝知りたい願い〟」だというのである。赤ちゃんにとって「知る」ことは常に「情感交流」が背後にある。レディの同書の原題“*How Infants Know Minds*”（いかに乳幼児は心を知るか）は、もともと“*How Infants Feel Minds*”（いかに乳幼児は心を感じ取るか）としたかったのだが、出版社の方で変えられてしまったのだと残念がっていた。この“*Feel*”こそが、「感じてわかる」という「情感込みの知」である。

私たちは、乳幼児が「情感込みの知」を求めていることを、私たち自身の「情感込みの知」を最大限に発揮して感じ取り（〝わかって〟あげて）、二人称的にかかわることが大切であり、それは「〝望ましい姿〟にしてあげる」ことではなく、ともに「望ましくありたい願い」を聴き合い、それに〝応え〟合う、それが保育における「二人称的アプローチ」なのである。

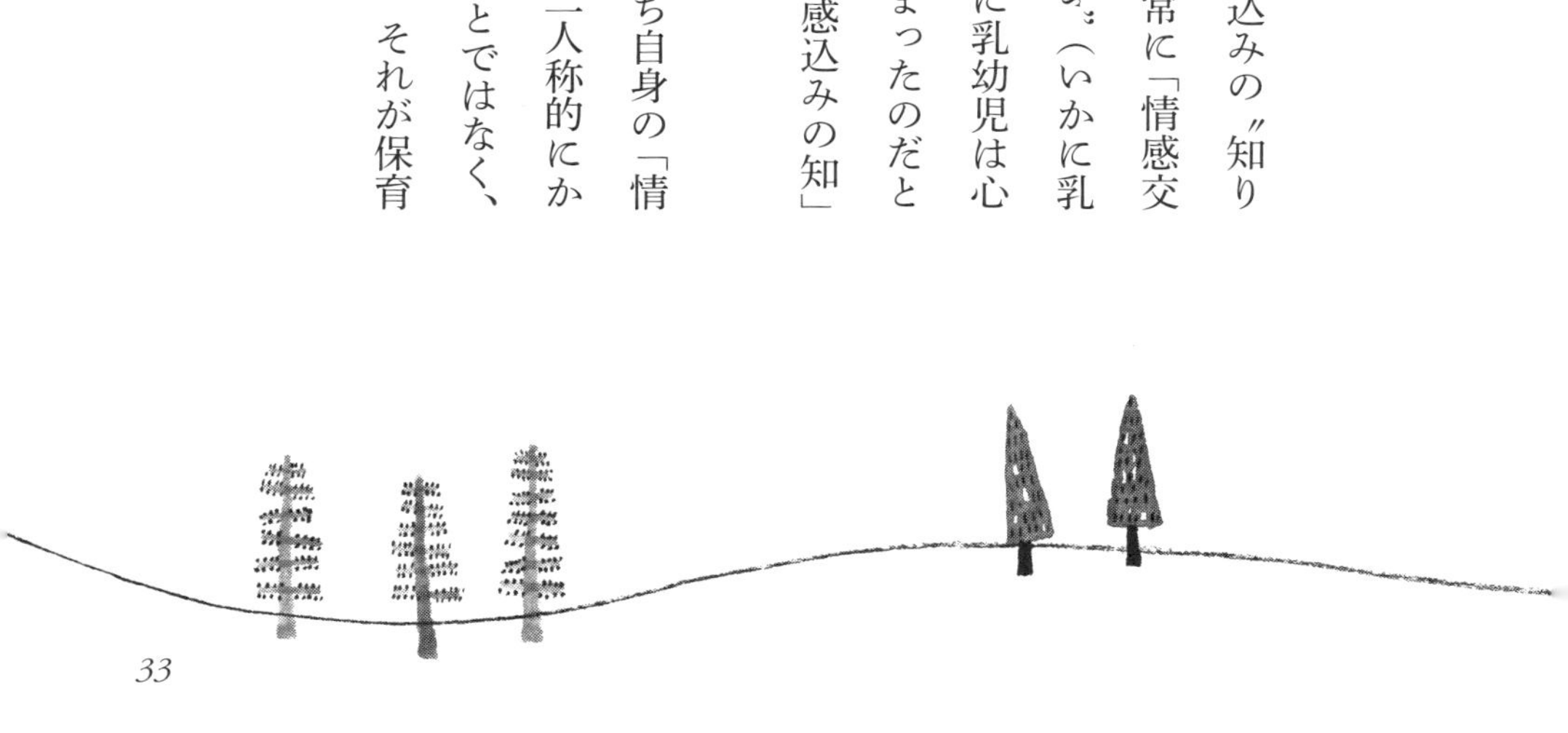

保育における遊び論

河邉貴子
Takako Kawabe

「遊びを中心とした保育」の現在

「遊び」が乳幼児の生活において極めて重要であることに異議を唱える人はいないでしょう。遊びは子どもが興味関心をもった身近な環境や実践に関わることによって生み出される体験で、遊び手の自発性に支えられて展開します。自発性は面白いとか楽しいという情動と共にあり、子どもは遊びがより面白くなるようにモノやコトや人に主体的に関わります。関わることによって遊びの面白さはより増し、子どもの興味関心はさらに高まるという循環が生まれます。

この循環の中で、子どもは自分と世界との間に意味を見出し、モノの扱い方を学んだり、対象のもつ法則性や概念に気付いたり、また人との関わり方や自分自身への認識を深めていくのです。ゆえに幼稚園教育要領、保育所保育指針等の国のガイドラインは、一貫して「遊びは乳幼児期における重要な学習である」と位置付けてきました。

しかしながら遊びが保育の内容や方法として定着しているかといえば、残念ながら十分とはいえません。現代は目に見える結果を性急に求める風潮があり、遊びのようにそれが何の役に立つのかがすぐに見えにくいものに対しては評価が厳しい現実があります。早く何かができるようになることを求める保護者も増えていて、いまだ一部の幼児教育施設においては量的な知識の獲得に特化した教育を行っています。

一方で、現在、知識蓄積型の学力観から新しい学力観への転換が目指されています。21世紀の変化の激しい時代に必要な資質能力とは、「何を知っているか」ではなく、知識や技能を活用して「何ができるか」を考え、他者と柔軟に関わり

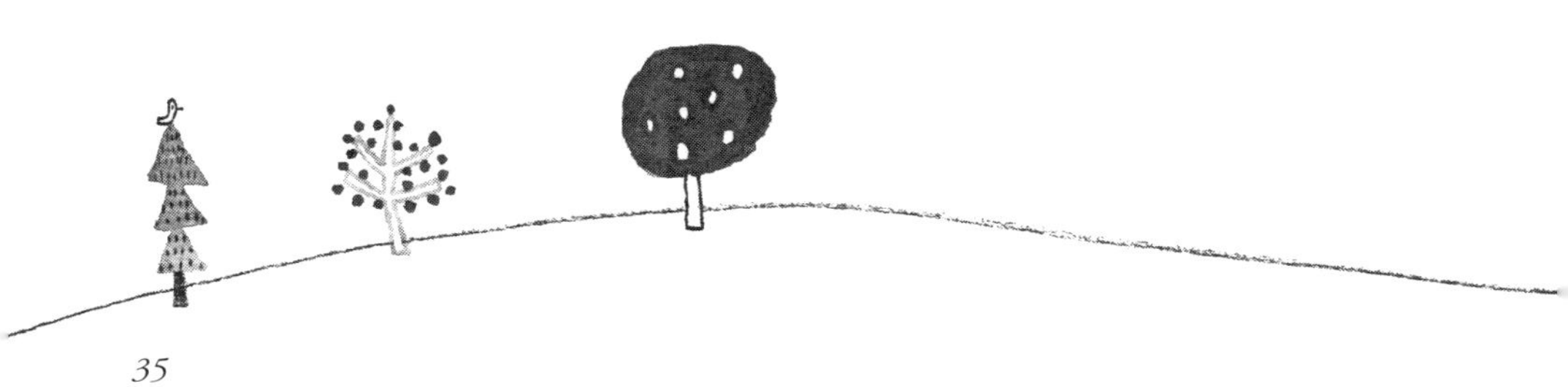

ながらやり遂げる力であるといわれています（注1）。多くの研究が、意欲的な態度、他者と協同して物事を進めるコミュニケーション能力など、いわゆる非認知能力と呼ばれるものが育つことによって、その他のスキルが持続的に向上することを明らかにしています（注2）。非認知能力は幼少期の質の高い保育において育まれることも明らかになっています。このような資質能力は大人の一方的な教え込みでは育まれません。乳幼児期にふさわしい生活が展開され、子どもが十全に遊ぶ中で発達に必要な経験は積み重ねられていくのです。

　新しい学び観が全ての学校教育において具現化されるまでにはまだ時間がかかるかもしれませんが、保育の世界ではすでに長年にわたって、遊びこそが子どもの主体的な学びであることを掲げてきました。従前より遊びを中心とした保育を追究してきた園には追い風が吹いています。そうでなかった園においても保育の転換を図る動きが活発になってきています。教えなければ子どもは育たないという旧い子ども観に基づく保育ではなく、あるいは逆に遊んでさえいれば子どもは育つという偏った保育でもなく、子どもの主体性を最大限に尊重

しながら保育の意図の網目をかけていく保育とは何か。遊びを中心とした保育の実現に向けて、今こそ正念場といえるでしょう。

「学び」の関係から見る「遊び」の大切さ

汐見稔幸は30年以上も前から、学びとの関係を軸に遊びの重要性について言及してきました。例えば１９９０年代の知的早期教育ブームの到来を予見し、文字教育の早期化に対して次のように警鐘をならしています（注3）。

> むしろ大切なのは想像力の発達を本や文字の世界だけに期待するのではなく、遊びを中心とした幼児らしい生活を十分送らせるなかで、幼児なりの現実世界に根差した想像力やその土壌を育ててやるということを忘れないことだと思われます。

根底には、本来「学び」とは単に言葉の辞書的な意味を覚えるだけでなく、体験

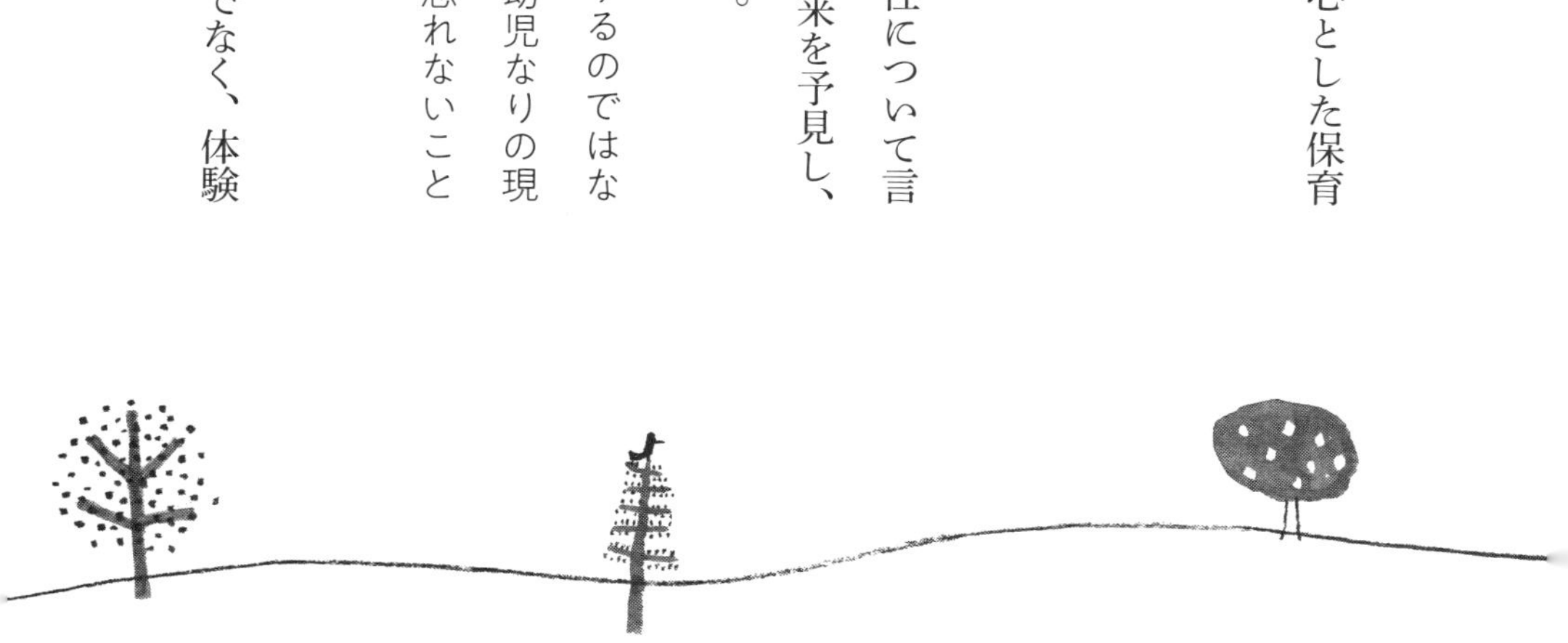

を通じてその語義に「感情」や「価値判断」をまぶし、意味を体得していくことであるという学び観があります(注4)。また、発達的側面から、子どもがそれまでその子がもっていた理解や行動の内的システムでは処理できない事態に直面した時、その内的システムを変換し新たな調節を体験することを「学ぶ」ことだとも説明しています(注5)。

「学び」を個々人の中に知識が積み重なったり、ある特定の能力が高まったりすることと捉えれば、「遊び」よりも効果的な教育方法は他にあるでしょう。しかしそのような個人の中に閉じられるような能力は、実際の生活に役に立つものではありません。私たちはライフステージの各段階において何らかの共同体に属し、他者とかかわりをもちながら歩き続けます。そうならば、自分を取り巻く「世界」との関係に意味を見出し、他者とのつながりを深めながら、主体的に思考し行動を起こせる力が必要であることは明らかです。乳幼児期は生活や遊びを通してこの基盤を培う重要な時期です。

とはいえ、遊びに必ず学びが伴うわけではありません(注6)。子どものきまま

な遊びに任せていたとしたら遊びは停滞し、遊び手の中に「変容」が起きない場合もあります。先に遊びは面白さという情動に突き動かされると述べましたが、面白さの追求の過程で遊びの課題が更新されなければ、新たな意味の作り直しは起きません。子どもたちが有能な学び手として育つためには、遊びの質が重要となります。

遊びの質を支えているのは保育者による適切な子ども理解とそれに基づく周到な援助です。保育者に求められるのは、第一に子どもが遊びの何に面白さを感じ、何を経験しているのか、あるいは何が経験できていないのか（言い換えれば次に必要な経験は何か）を読み取り、第二にそれに基づいて子どもの志向性の延長上に援助の可能性を探ることです（注7）。そして必要ならば間接的な援助としての環境の構成・再構成や直接的な援助を試み、再び遊ぶ姿の変化を読み取ることです。この循環の中で子どもと環境と保育者の間に応答的な関係が結ばれることによって、遊びの質は担保されます。

遊びの質を高めるために

今後の保育における遊びの議論の中心は、「遊びの質」になるでしょう。理解から援助へのプロセスの中でどのような視点をもてば、保育者は遊びの質の高まりに貢献できるのか、保育者（Y先生）による、ある日の反省記録（注8）の分析を通して考えてみます。

6月17日（火）　3年保育5歳児　A児・B児・E児・F児

「アンズが転がる！　水が流れる！」

ビールケースを積み、樋を乗せて斜めにして（園庭に落ちている：筆者）アンズを転がす遊びを考える。B児が田んぼからホースを手繰り寄せ水を流す。（よく思い付いた！）よく流れて面白いが、水を大切にしてほしいので、流れた先がびしょびしょになっていることに気付かせる。するとA児が板や盥をもってきて樋の先に置く。帰り際、E児「流しそうめん楽しかった」。流しそうめんだったの!?　明日どうなるか。

A 斜度を付け水を流し流れるのが面白い。水が漏れるのはどうしてかを考え組みかえる(①－1)。

B 少しずつ声を掛け合う姿が見られる(①－2)ので、一緒にやっている友達の意識を感じて遊んでほしい(②)。

C みんなが流しそうめんのイメージなのか。そのイメージなら必要そうなものを出す(③－1)。流れる仕組みを楽しんでいるようなら池の方に流せるように場の調整(③－2)をしよう。

(記号：筆者)

記録の前半にはその日の遊びの様子が記述され、後半は遊びにおける経験(A)と、翌日の保育プランになっています(B・C)。Y先生は水の流れと樋の関係が子どもたちの遊び課題だったことを読み取り(①－1)、それを支える友達関係の育ち(①－2)にも気付きました。そしてそこから願い(②)をもち、二つの予想を立てて具体的な援助(③－1流しそうめんごっこの実現・③－2水の流れの仕組みづくり)を構想しています。仲間関係の育ちを願っていますが、関係性に直接関与するのではなく、遊びの展開への援助を試みることによっ

て、子どもたちの内的なつながりが強まることを目指しているのです。

Y先生は子どもの遊びの中での経験を「遊び課題」と「仲間関係」の二つの視点から読み取りました。この2点は言い換えれば、その遊びが潜在的にもっている固有の面白さ（文化的側面）と、仲間関係の安定性（関係的側面）ということであり、遊びの充実において重要な要件です（注9）。子どもにとって向き合う対象世界が魅力的であれば、「もっとこうしてみたい」という思いが引き出され、遊び課題は随時更新されていきます。そしてそれが他者と共有されるとき、遊びにおける学びはより深まります。遊びの質が高まるとは、自分とモノ、コト、人との間のネットワークの密度が高まっていくプロセスだといえます。もちろん前提として、子どもが遊びに没頭できるゆとりある時間と空間が保障されていることや、試行錯誤を引き出す自由感があることも重要なポイントです。

ここでは今日から明日へという短期的なプロセスに焦点を当てましたが、それは長期の保育のデザインと関連していることも忘れてはなりません。Y先生の園では、小さいながらも田んぼを園内に作り、5歳児は一年間、稲作をめぐ

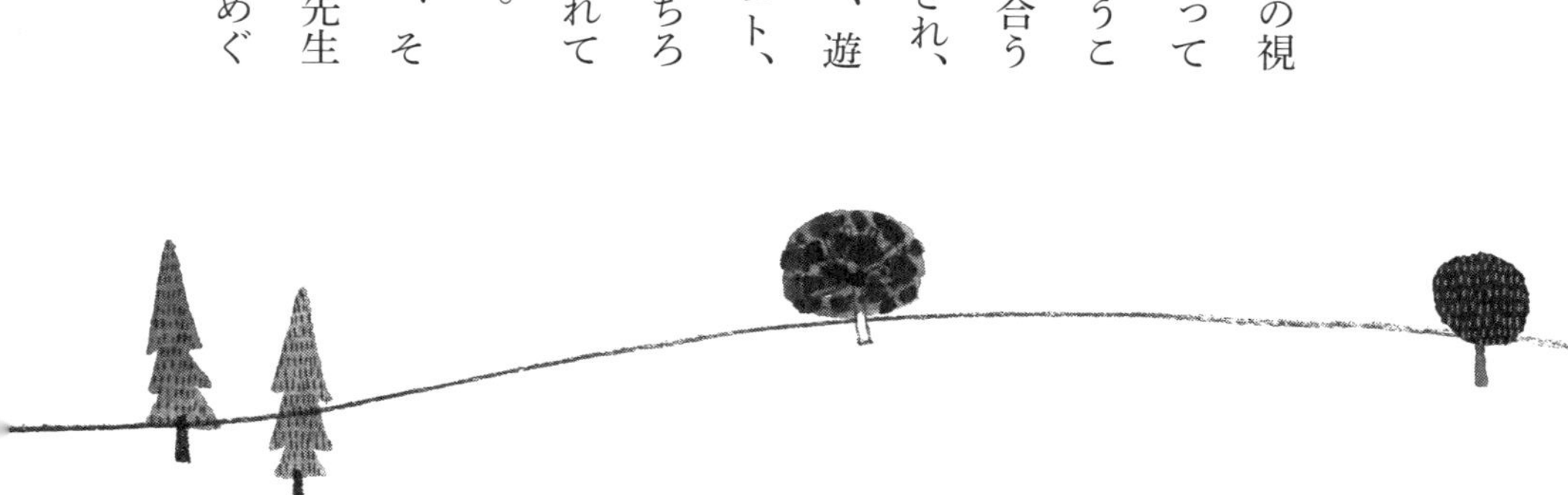

る様々な活動に取り組みます。田植えから稲刈りまでの栽培の経験、食の経験、稲わらを使ったしめ飾りづくりといった日本の伝統文化の体験等、田んぼは一年を通して子どもたちに多様な体験をもたらします。地域の方が米作りの指導もしてくださり、地域とのつながりも大事にされています。

このように、それぞれの園はそれぞれの教育理念をもち、目指す子ども像に向けてカリキュラムを編成します。園と地域とのつながりや歴史的文化的できごと（季節の行事等）とのつながりを視野に入れて長期の保育をデザインすることによって、日常の遊びが豊かに展開していきます。家庭や地域に園のカリキュラムを開くことは、子どもにとって遊びがいかに重要であるかという認識を共有していくことにもつながります。

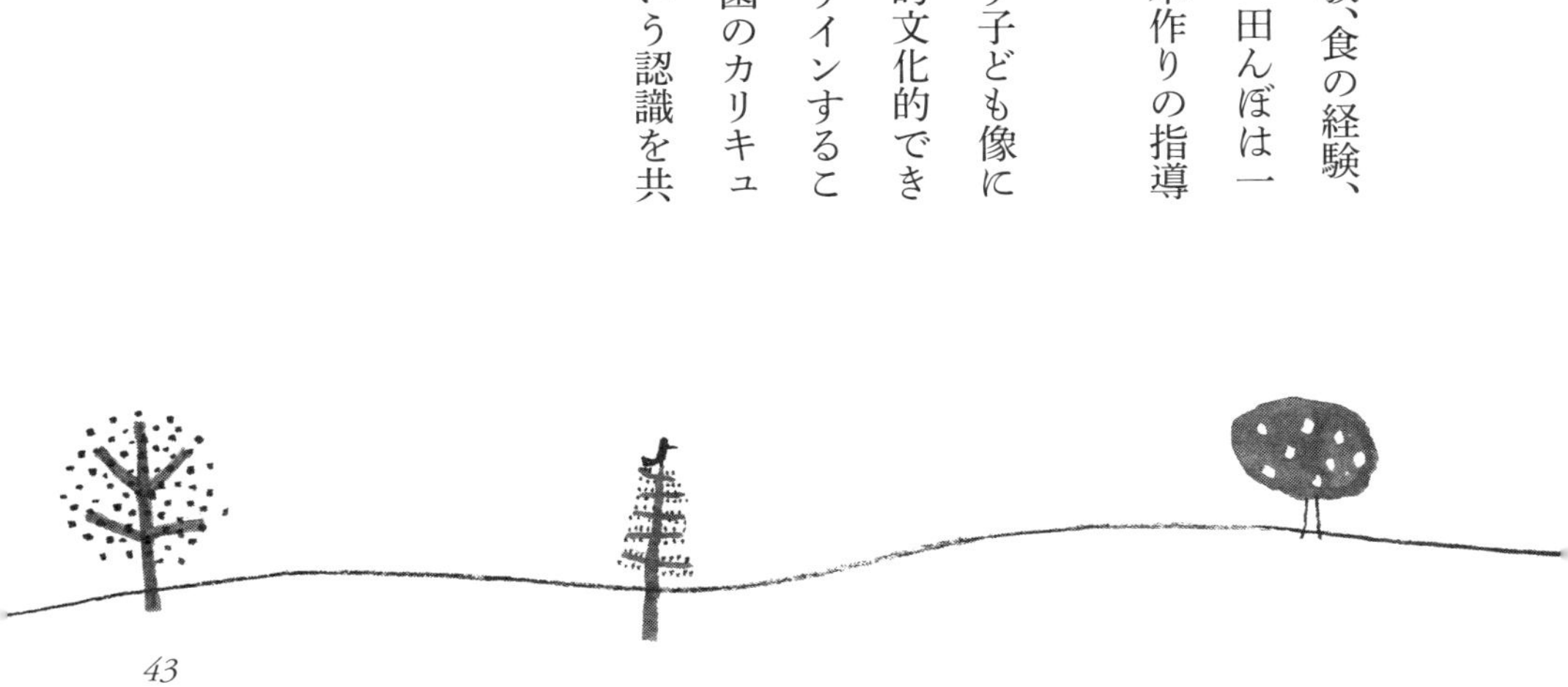

（注１）Ｐ・グリフィン他編、三宅なほみ監訳『21世紀型スキル』北大路書房、２０１４年

（注２）経済協力開発機構編著、無藤隆・秋田喜代美監訳『社会情動的スキル』明石書店、２０１８年

（注３）汐見稔幸『幼児の文字教育』大月書店、１９８６年 p.127

（注４）汐見稔幸『本当は怖い小学一年生』ポプラ社、２０１３年

（注５）汐見稔幸「遊びと学び」『初等教育資料第７８４号』東洋館出版社、２００４年8月 p.81

（注６）前掲書 p.82

（注７）小川博久『遊び保育論』萌文書林、２０１０年

（注８）河邉貴子・八木亜弥子「指導と評価に生かす保育記録の在り方」『初等教育資料第９１８号』東洋館出版社、２０１４年10月 p.92より抜粋

（注９）河邉貴子『保育記録の機能と役割』聖公会出版、２０１３年

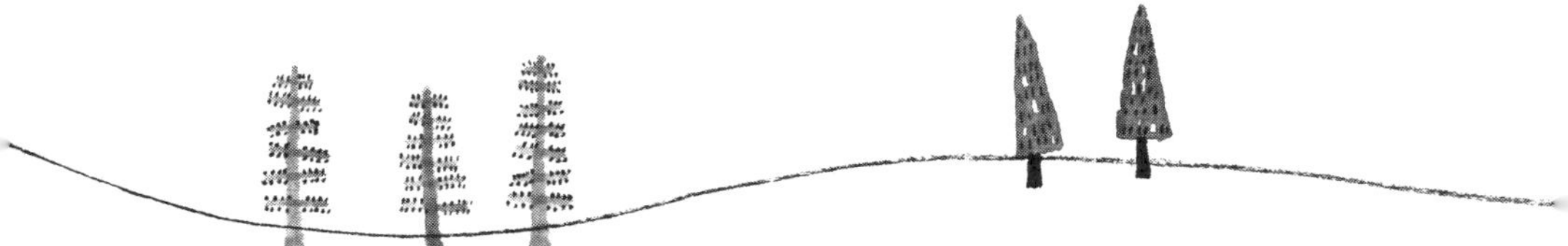

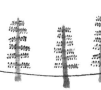

アジアの保育の現在

一見真理子
Mariko Ichimi

アジア太平洋地域に生まれた乳幼児期のための政策フォーラム

２０１６年夏、「幼児期こその変革の力―社会包摂と質に向かう革新」という魅力的なサブタイトルのある国際会議（アジア太平洋地域・幼児教育政策フォーラム・第2回）に初めて参加する機会をいただきました。同フォーラムを企画・主催したのは、バンコクにある二つの国連機関―ユネスコとユニセフの地域オフィス、そして地域内の乳幼児期のためのネットワークであるＡＲＮＥＣ（アジア太平洋地域乳幼児期ネットワーク）の三者でした。

周知のように、21世紀の幕開けとともに、グローバリゼーションの時代を生き

抜く力としてコンピテンス（資質能力）という汎用性ある能力が重視されることになり、脳神経科学の知見によって世界中が乳幼児期に熱いまなざしを注ぐようになりました。アジア諸国でも首脳クラスが人生初期の重要性と財政投資効果を意識し始めます。このアジア太平洋地域の政策フォーラムは、このような動向の中で、地域内の各国の保育事業の経営者や実践者、研究者のみならず、政府要人をも巻き込んで革新的なイニシアチブをとることに寄与しようと、共同で企図された論壇でした。ちなみに、3年前にこの会議の初回開催を引き受けたのは韓国でした。当時韓国は、まさに保育無償化改革と幼児教育の質保証を「ヌリ課程」という幼保一体型のカリキュラム導入によって推進し始めており、振り返ってみれば、ＯＥＣＤも提唱する保育の構造改革を順次率先して進め、まさにアジア太平洋地域内のリーダーシップをとる勢いであったかと思います。

マレーシア・プトラジャヤ２０１６、点描

２０１６年の第2回フォーラムのホストは、マレーシア政府、開催地は首都ク

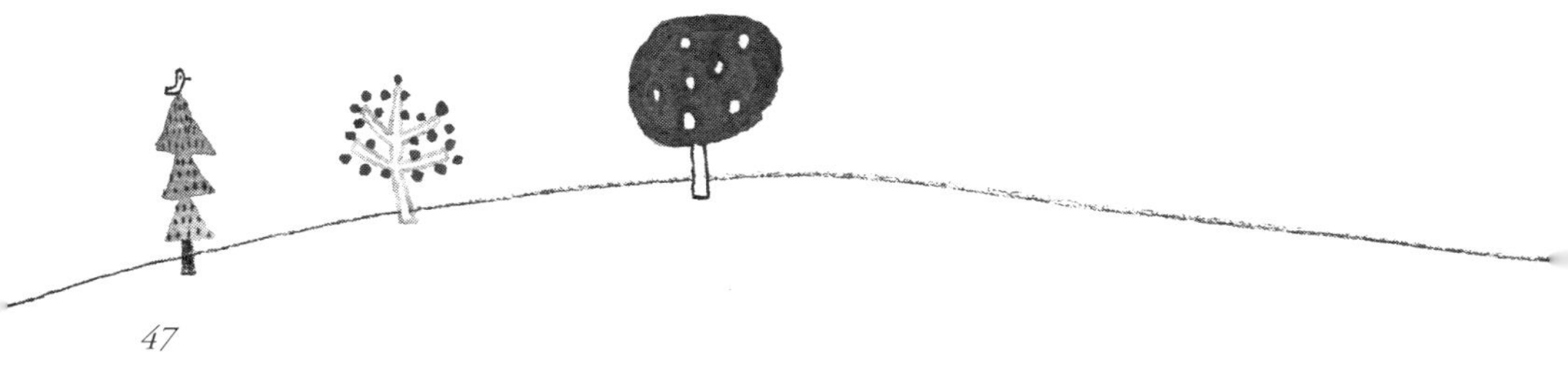

アラルンプール南郊の美観を誇る行政都市・プトラジャヤでした。官民・国際の共同出資により、マレーシアのＥＣＣＥ（乳幼児期のケアと教育）の発展を示そうという意気込みが感じられました。とくにナジブ首相夫人とその一族が率いる国内最大手の教育福祉財団はその圧倒的資力をつぎ込み、フィールドツアーの中でも成果を見せてくれました。施設見学の機会をもった韓国政府代表の皆さんは、「ため息の出るほどの施設で、わが国では、考えられないものを見た」との感想をもらしていました。

公式報告によれば、同フォーラムにはアジア太平洋地域から36か国（うち21か国が閣僚級）が参加し、国際機関・国際ＮＰＯの代表および内外の研究者・実践家約６００名が集ったとのことでした。全体会議でのキーノートスピーカーには、マレーシア首相夫人、同教育省次官、ユネスコ・バンコクのキム事務局長（当時）、そしてほぼ同時期に先行開催されていたソウルでのＯＭＥＰ（世界幼児教育・保育機構）の世界大会会場からマレーシアにかけつけた欧米・香港の保育界のリーダーたちがいました。そのひとり、リン・ケーガンさんは、「財源を得てこそ、実現への歯

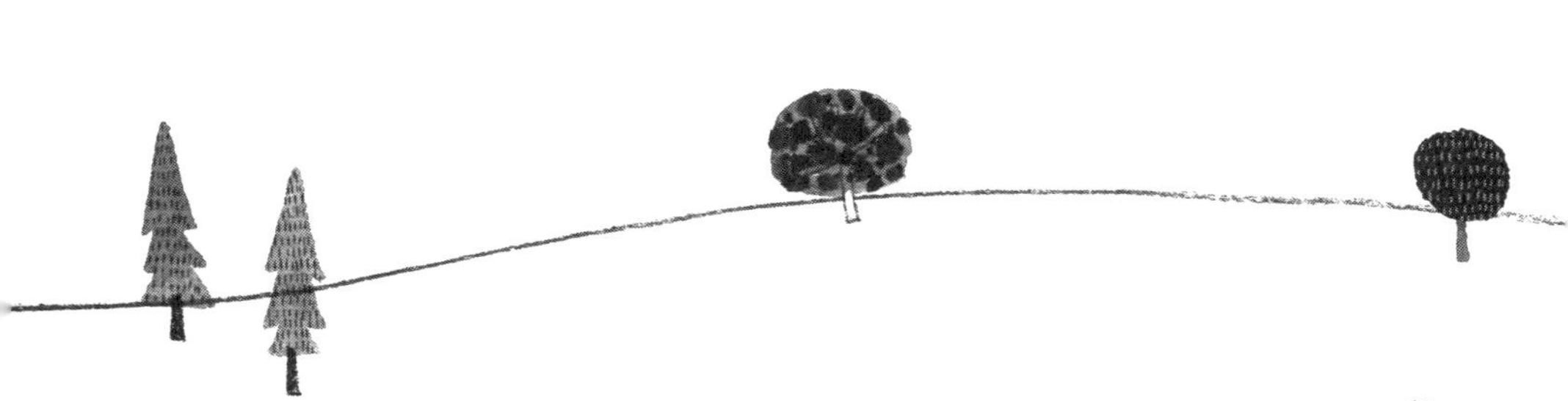

車がまわり出し、保育の質保証と社会包摂の双方が実際に叶っていく」ことをアニメーションで図示しながら力説していました。

各分科会では、地域内の具体的な課題や困難が語られ、すぐれた実践経験が披露され、展示場ではマレーシアの保育の歴史と今が、乳児保育と幼児教育、接続を含む初等教育、そして特別支援保育とに分けて丁寧に紹介され、教材教具で遊ぶ本物の子どもたちも展示の中に含まれていました。

私が希望して叶った訪問見学先は、ムスリム系の保育者養成校とその付属園でした。園児たちは、はさみと草花を使った工作や、知育玩具や伝統影絵劇セットなどのあるコーナーの遊びに興じていたほか、別室では、アバカス（そろばん）での演算と筆算を含んだ算数の授業が進み、またクルアーン（コーラン）によるアラビア語の導入なども行われていました。多文化社会でのアカデミック型といわれる保育のよい事例を見せてもらえたと思います。園庭での活動は、選ばれた子どもたちによる客人歓迎のための植樹活動とジュニア・ビー（Bee）と呼ばれるスカウト活動のデモンストレーションで、暑い中を本当にご苦労様、といいたくなるよう

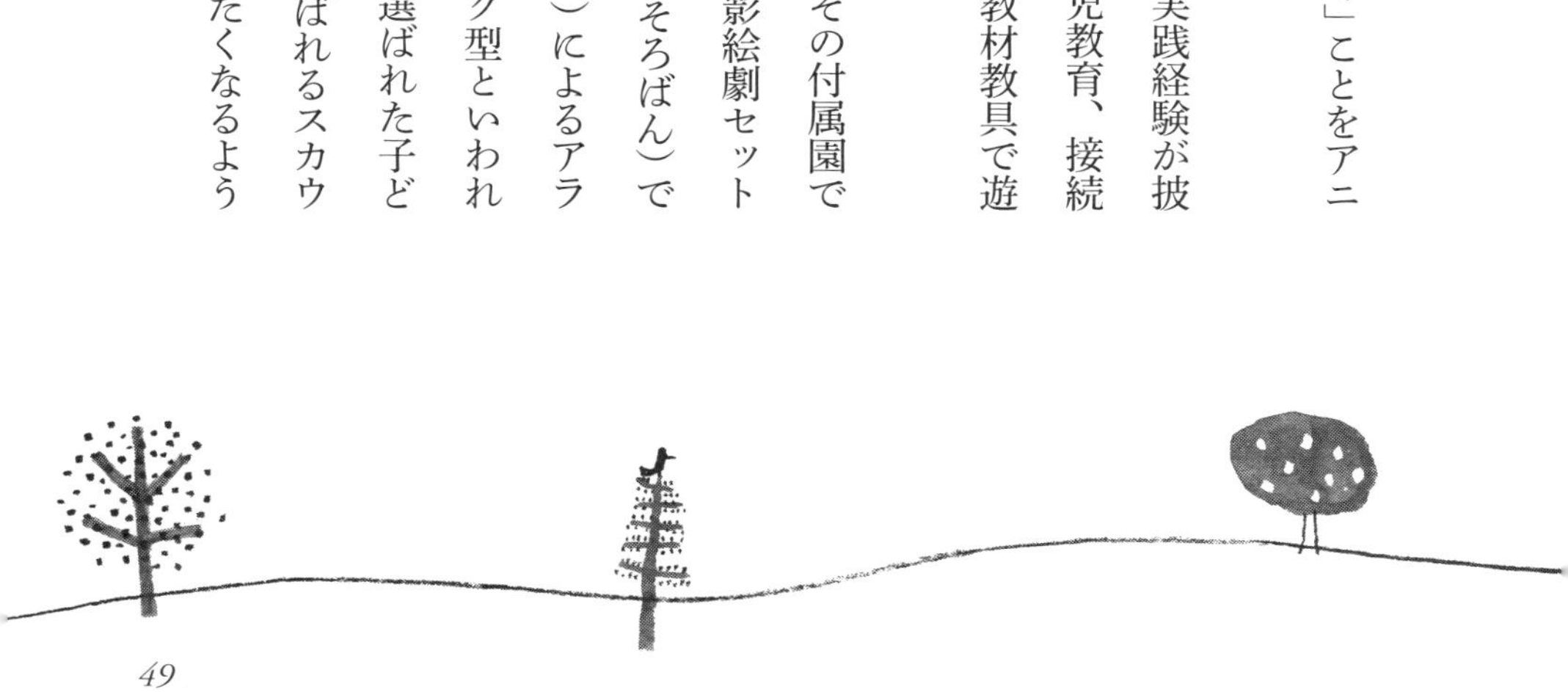

な、一生懸命の奉仕でした。日本でのように、戸外であれ室内であれ、思い切り子どもも主体で遊ぶことのできる時間が確保されるようなことは、風土や保育観の違いからなかなかありそうでないことなのだろうと、短時間の見学から今回もまた思わされました（実は、このフォーラムの実現に尽力されたユネスコ・ユニセフ・ARNECの日本人女子スタッフの皆さんと、アジア地域に遊びを大事にする日本の保育の良さを伝えたいがなかなか伝わりにくい、これなら伝わるというようなインパクトのある媒体がほしいとずっと語り合う中で、実現したのが、映像『あそんでぼくらは人間になる』の紹介です。同フォーラムでも英語版上映が検討されていたようでしたが、もし実際に見てもらう機会があったのであれば、日本の保育の異文化性を含めて、興味と関心をもってもらえると信じます）。

なお、同フォーラムには太平洋の島嶼《とうしょ》部の小さな国々の代表者も沢山参加されていて、興味深くお話を聞きました。「あそこにいる教育大臣はマイハズバンド、そして私が就学前担当のただひとりの政府職員なの！」などとおおらかに笑い、かつて太平洋に散った日本の兵士たちのことを話題にしてくださるような参加者もあ

りました。このような島の子どもたちのおそらくゆったりとした幼児期が、グローバリゼーションの荒波を受けて今後どんな変化をするのだろうか、ここにいる皆さんは政府の責任として先手をうつために、この会議で乳幼児期からの教育の質強化作戦のレクチャーを受け、ギアを国際開発援助のもとに入れていくのだろうかと、考えさせられました。というのも、まさに同じランチテーブルで、ＯＥＣＤ教員訓練局から来られた上級職員の方が、この機会をとらえてアジア太平洋諸国の指導者の方々に新構想の「グローバルＰＩＳＡ（15歳時点）」への参加可能性を個別に打診し、説得している光景をまのあたりにしたからです。

採択された「プトラジャヤ宣言」は、SDGsに歩調をあわせて

同フォーラムの最終セッションでは成果として「プトラジャヤ宣言」を採択しています。その内容は、２０１５年に国連で採択された「持続可能な開発目標（ＳＤＧｓ）」の、目標４「インクルーシブかつ公平な質の高い教育を確かなものとし、万人のための生涯学習機会を促進する」と、戦略目標４・２「２０３０年まで

に、すべての子どもが男女の区別なく、質の高い乳幼児期の発達・ケア・就学前教育にアクセスでき、初等教育への準備が整うようにする」に呼応する地域内の共同宣言です。そのために確認された協同のアクションは以下のとおりで、実は日本政府もその実施状況をユネスコ地域オフィスに、定期的に報告することになっています。

1. 統合され包括的な規制・政策・プログラムを通して、無償（もしくは義務制）の就学前最低1年間の教育を、最も恵まれない子どもたちを念頭に実現する。
2. その実現のためにセクターを超えた総合行政の仕組みをつくる。
3. 明確な政策・戦略・指針を打ち出し、その中にECCEの人材の専門養成研修、地位と労働条件の向上を含める。
4. 包括的、アクセス可能、質が高く統合されたECCEのプログラム・サービスを、特に障がいのある子どもと養育する家族のために設計する。
5. ECCEへの公平なアクセスを、財政投入の増額によって実現する。その際に、民間セクターほか開発パートナーの支援も得ながら、既存の資源を効率的に活用する。

6. 当該国のSDGs4・2の実現状況を、国際的な評価指標を使って監督評価する（就学レディネスの質、就学率、公私比率も含めた供給情況）。
7. 多部門に分散しているデータの集約的な収集を強化する。
8. ステイクホルダーのSDGs4と4・2の実現のための意識向上を、ユネスコ、ユニセフ、ARNECの支援のもと、エビデンスに基づく政策啓発活動によって行う。
9. 2030年を目標とする以上の取り組みを、地域の枠組みと各国のロードマップに基づいて実現させる。

このように、今、アジア太平洋地域の広い範囲で、事態は少しずつ確実に動いていており、「初等教育への移行をささえる就学前教育」に焦点化した具体的な取り組みがモニタリングされることになります。このことは中長期的に大きな変動にもつながることがここからはうかがえますが、一方、自生的なありのままの保育の姿、すなわち保育ならではの特質を活かした質の実現にとっては、留意の必要な状況をもたらす可能性もあります。大きな目とスケールで保育という営みを語り、交流する場がますます大事になることでしょう。

倉橋惣三の「誘導保育論」をめぐる考察

大豆生田啓友
Hirotomo Omameuda

倉橋惣三と誘導保育論

倉橋惣三（1882–1955）は日本のフレーベルと呼ばれ、日本の幼児教育・保育界において、子どもとのかかわりを踏まえながら、保育実践を基盤にした子ども中心の保育論を展開した人物です。代表作には『幼稚園雑草』『育ての心』『幼稚園真諦』などがあります。わが国において倉橋の貢献は非常に大きく、平成元年の「幼稚園教育要領」改訂においても、「倉橋の原点に返る」改訂とも呼ばれ、その流れは子ども主体の保育を重視する、現代のわが国の乳幼児教育・保育

にも通じているのです。

その中で、「生活を、生活で、生活へ」を基盤とする倉橋の保育方法論は、「誘導保育論」と呼ばれています。それは、子どもの「さながらの生活」を基盤とした遊びを通して行われるものです。しかし、この「誘導保育論」の本質は、いまだに十分に吟味されつくしたとは言えません。その解釈をめぐっては、さまざまな見解もあり、誘導保育論の議論を一歩進めることが、倉橋の保育理解を深めることであり、子どもの主体的な活動としての遊びを通しての保育の「新と真」を問うことにつながるものです。そこで、本稿では、倉橋の保育方法論である誘導保育論の解釈をめぐって論じてみたいと思います。

倉橋の誘導保育論の概要

倉橋の保育論は「生活を、生活で、生活へ」という言葉にあるように、子どもの「さながらの生活」（ありのままの生活、つまり自由な遊び）を基盤としなが

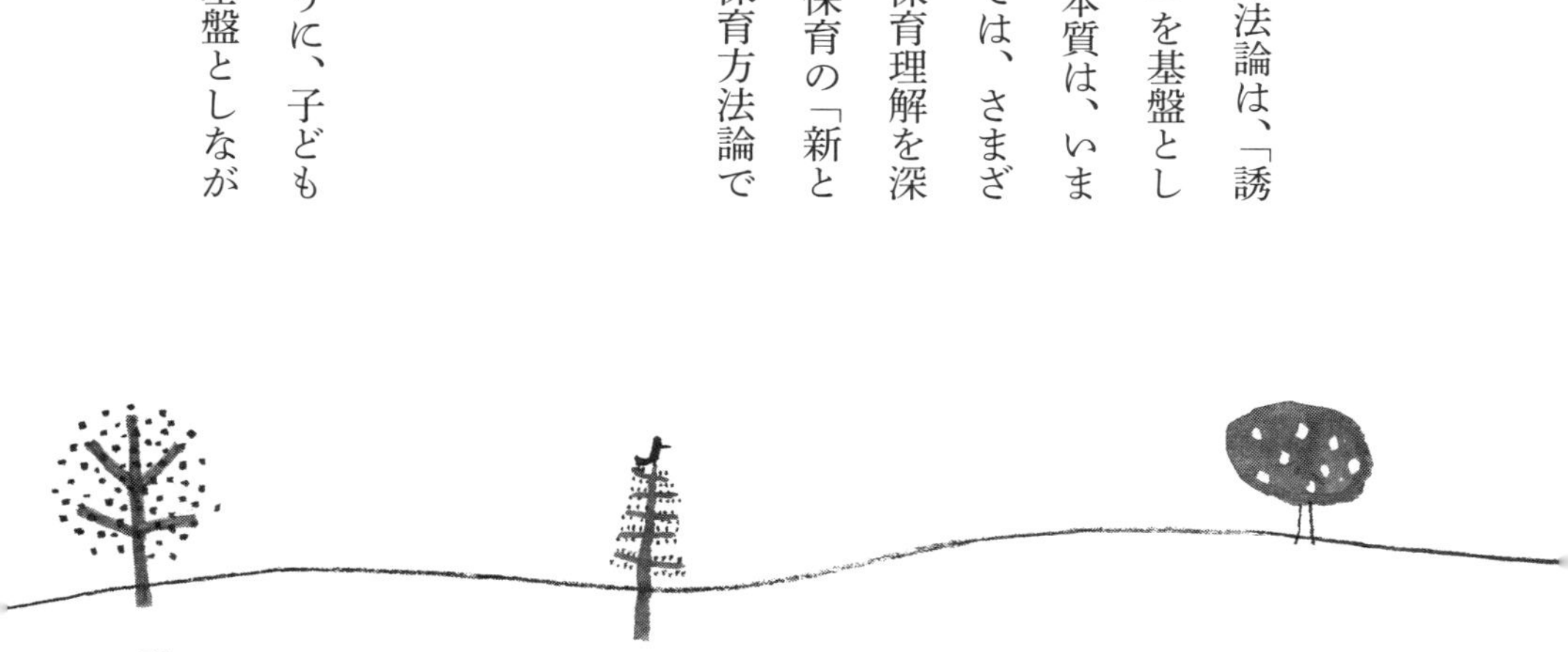

ら、「生活へ」（つまり、「生活の真の面白み」）と発展させていくという特徴を有しています。それは、「幼児のさながらの生活――（自由　設備）――自己充実――充実指導――誘導――教導」という図式として説明されています。

倉橋は主体的に遊び込む場を保障すれば、子どもがみずから学ぶと考えており、その延長線上に「誘導」を位置づけています。簡単に説明すると、園生活は子ども自身が自分の好きな遊び、つまり「さながらの生活」を通して、子どもが「自己充実」していくという学び方が基盤にあります。そのためには自由な時間と空間、子どもが豊かに遊ぶことができる「施設」（環境）を通してこそ、みずからの世界を広げていくことができるのです。しかし、中にはなかなか遊び込めずに自己充実できない姿もあります。そこで、保育者はそのような子にかかわり、充実するための手立てを打ちます。これが、「充実指導」です。

そして、その先に「誘導」があります。それは、「子供よりも、大人の方がずっと多く働くこと」であり、「刹那的で断片的である」幼児の生活に対して、「その断片性に、あるいは中心を与え、あるいは系統をつけさせてやること」を通し

て、「真の生活興味が、もっと味わえる」ものにしていくことだと説明しています。そして、「自分の興味にある系統がついてくるときに初めて、生活興味（事物個々の興味でなく）が起こってくる」ので、「幼児の生活を、生活としてだんだん発展させていくことになる」のです。

さらに先に、「幼稚園教育としては最後にあって、むしろちょっとするだけのこと」、「この子には、もう一つこれを付け加えてやりたい」ということから行われる行為を「教導」だと述べています。

ここから見える倉橋の「誘導保育論」の特徴は、子どものさながらの生活による充実指導を行うことの延長線上に、「さらに子供の興味に即した主題をもって、子供たちの生活を誘導」することとし、「相当大仕掛けにやっていけること」であり、家庭ではできない、園だからこそできる存在価値だと述べているのです。そして、「幼児の生活の生活たる本質をこわさないで、教育していくところに、その方法の真諦が」あるのが、その本質なのです。

「誘導保育論」解釈をめぐって

倉橋の保育論は、津守真や森上史朗などの研究者によって、継承されてきたとも言えるでしょう。津守、森上は誘導保育論をどのように解釈してきたでしょうか。

津守真（1979）（注1）は、倉橋惣三の誘導保育論について、アメリカの「万国幼稚園協会幼稚園要目」との類似性を指摘し、必ずしも「倉橋の独創によるものではない」とも述べています。しかし、倉橋は「これを輸入品として紹介するにとどまらなかった」とし、「ペスタロッチ、フレーベルの教育改革の精神、また、進歩主義教育の教育改革の精神をすっかり消化した上で、日本の幼児教育界に適合した形で、彼のいう『真』教育を実現しようとした」と述べています。それは、「日本的性格」つまり、「教育者、保育者の子どもに接する態度」を指しています。津守は、『幼稚園雑草』および『育ての心』の記述をあげ、倉橋の「幼児に対する直感的洞察」を示す文章は「他に類を見ないものである」とし、そう

した視点を持って書かれた倉橋の保育論（誘導保育論）は世界に寄与できる大きなものであると述べています。そして、アメリカの進歩主義教育との類似性も大きいが、誘導保育論で強調しているのは、「中心的興味による活動の展開」と「自己をふくめた子どもとの関係の中で、子どもの生きた事実をとらえるという子どものとらえ方の根本問題」であるとし、特に後者が徹底して説かれていることが重要な点だとしています。

一方、森上史朗（1993）（注2）は『幼稚園保育法真諦』について、「〝幼児保育の新目標〟〝幼児教育の特色〟〝就学前の教育〟と、彼はその考えを深めていったが、それらは理論化の枠組みを先に組み立てて、幼児をあてはめようとするものではなく、彼が自分の手で触れ、心で感じ、彼の個性や人間性のすべてで受けとめた幼児の生活を、さらにすべての人々に手渡すべく普遍化し、体系化された理論であった」と述べています。また、『幼稚園保育法真諦』から『幼稚園真諦』への改題と再刊という時間の流れの中で、「これ以上動かせない」と述べることに加え、ゆらぎについても指摘しています。倉橋が子どもの「自然な生活

形態」に徹底してこだわっていた姿勢を踏まえるとともに、前述した倉橋の新保育への批判的な側面から、誘導保育を生み出そうとする特徴が見えるとしています。それは、倉橋が前述したコロンビア大学のカリキュラムの基本的な趣旨に共感は示しているが、細かい点では賛同していない点や、「これらの新教育の成果に刺激されて、その長所をとり入れ、わが国の生活に即した保育案を作成したいと早くから考えていたに違いない」と述べていることからも、当時のアメリカのプロジェクト的な保育への倉橋の批判的側面を強調した理解となっているのです。

津守・森上の両者とも、倉橋の誘導保育論は、子どものさながらの生活を重視する自然な生活形態や、直感的な洞察をもってかかわる関係性の保育の大きな流れの中に、当時の新教育運動のプロジェクト活動的な性格である中心的興味によるテーマ性を活動の展開を「誘導」として位置づけたところに、その日本的独自性を評価しています。逆に言えば、「誘導」の部分だけが独り歩きすることに、倉橋自身もそうであったように、危惧があったことをも指摘しているのです。

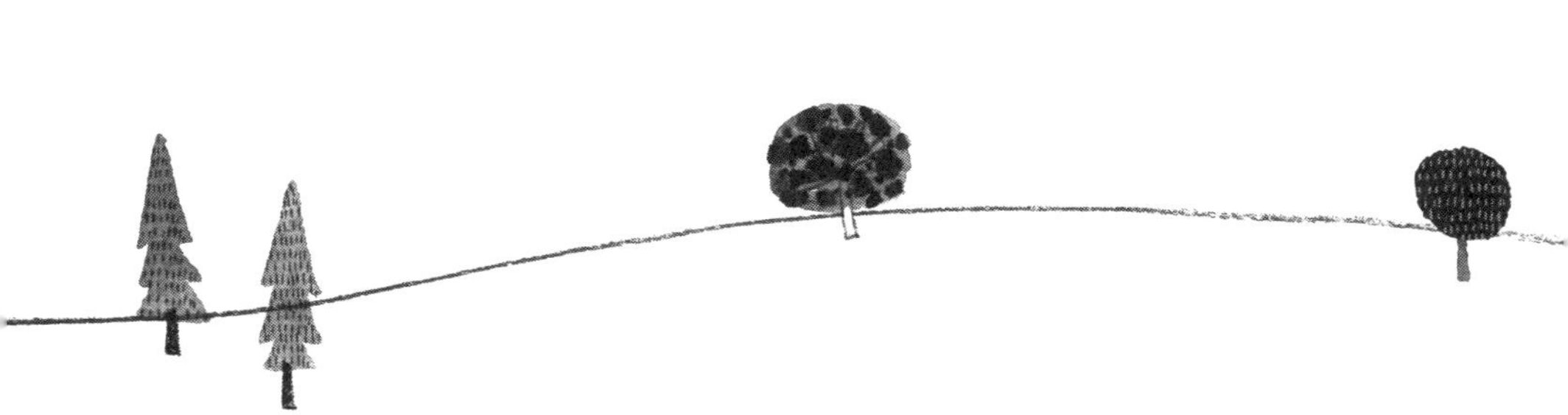

誘導保育の落とし穴

「誘導」の落とし穴については、さまざまな指摘があります。佐伯胖（２００１）は、誘導保育は、ともすると自発的であるようにしながら、実際は保育者の「意のままに支配する」保育――つまり、「あやつり保育」――になる可能性があると言うのです（注３）。これはたとえば、劇遊びを子どもの意見を聞きながら進めていきながらも、当初から保育者が思っていた進め方に導いていくような保育の展開です。「誘導」という言葉にも「意のままに支配する」というニュアンスが含まれています。

それは、湯川嘉津美（２００９）が指摘するように、「幼児の自発」に「保育者の教育意図」を融合させようとする誘導保育論は、重点の置き方によって「自発保育」にも「目的保育」にもなるという点（注４）ともつながります。

こうした点は加藤繁美（２００７）（注５）が、倉橋の誘導保育論は「保育者の教育要求と子どもの活動要求の接点を創造する視点から、保育実践論を構築しようとしていた」ことを評価しながら、この「保育者のプロジェクト」と「子どものプロジェクト」を統一する実践上の難しさに対して、有効な方法が見出せなかったと指摘していることとも共通します。

また、大豆生田啓友（２００８）（注６）は、「さながらの生活」を基盤にした「自己充実」と、その後の「誘導」との境界線の問題について指摘しています。というのも、子どもの興味関心を基盤とした子ども主体の生活の延長線上に、どのように主題が持ち込まれるのかという点が必ずしも明確ではありません。つまり、そこには子どもの興味関心との大きな段差が生まれる可能性を有しているのです。

これらの指摘はすべて、子ども主体の興味関心を基盤としたさながらの生活による倉橋の保育論において、子どもの主体的な生活に対して、保育者の意図性がどのように関連して、子ども主体の保育を確保できうるのかという点に対してのものと言えるでしょう。これは、現代においても同様なのだと思います。

21世紀型保育と倉橋の誘導保育論

汐見稔幸は、この何年か倉橋の保育論について積極的に言及しています。たとえば、汐見（２０１６）では、倉橋の保育論は「家庭教育」がモデルであり、生活の中で意図しないで自然と行われる人間形成作用としており、それと同じようなことを幼稚園という場で行うのが、倉橋にとっての「保育」であると述べています（注７）。宮原誠一の「形成」という概念に着目し、ある環境の中での生活において育っていくものの重要性に触れ、「生活を、生活で、生活へ」とした倉橋の保育論にその共通性を見出しています。この大きな「形成」作用の延長線上に「教育」があると考え、倉橋の誘導保育論はまさに「生活」の延長線上に「誘導」を位置づけているという点を高く評価しています。

またそのことは、汐見（２０１８）でも述べられています（注８）。倉橋の誘導保育論は、「自己充実」「充実指導」「誘導」「教導」で構成されていると説明し、子どもの自発的にやりだしたことを誘導保育としてプロジェクトなどにより上手

に応援していく保育の在り方に、幼児教育としての保育の本質があることについて述べているのです。そして、この倉橋の誘導保育論に、幼稚園・保育所・認定こども園の3文書改訂における、21世紀型の保育の重要な方向性があることを強調しているのです。

これは、大豆生田(2017)(注9)が、21世紀型保育の重要な方向性として倉橋の誘導保育論の重要性があるとしていることと共通します。それは、子ども主体の遊びへの興味関心による生活を基盤にしながら、その興味関心を発展させる形でテーマ性、協同性を生み出していくことこそ、まさにアクティブ・ラーニング(主体的で、対話的で、深い学び)時代の保育方法だとする見解です。しかし、前述してきたような課題(落とし穴)があることもたしかです。

だからこそ、佐伯が述べるような「文化的実践への参加としての学び」としての再構築を行うことが重要であり、それは汐見がcultivateとして教育における「文化」性を重視してきたこととも通じます。まさに、子どもの興味関心による主体的生活によって文化(ブーム)が生成され、それを想像し、味わい、さま

ざまな対話や協同、問いや探求が起こるのであり、そうした文化的実践の営みのプロセスの中で、主体的で、対話的で、深い学びが生まれてくるのです。だから、文化的実践が生成されるような保育が重要なのです。また、汐見が繰り返し述べてきた「市民性の教育」といった観点も必要となるでしょう。

そのような倉橋の誘導保育論を、現代のさまざまな研究の知見や国際的な視点を踏まえつつ、津守や森上が述べる日本的な独自性でもある、保育者の子どもへの直感的洞察的理解や身体的・状況的なかかわりを基盤としてあらためて位置づけなおす中に、我が国の保育に求められる21世紀型の保育があるのだと思います。そうした実践はすでに日本のあちこちで起こり始まっており、倉橋が想像したような、単なる借り物ではない、わが国の個性ある保育の方向性の希望が生まれつつあるのだと思います。

（注１）津守真『子ども学のはじまり』フレーベル館、１９７９年

（注２）森上史朗『子どもに生きた人・倉橋惣三――その生涯・思想・保育・教育――』フレーベル館、１９９３年

（注３）佐伯胖『幼児教育へのいざない――円熟した保育者になるために――』東京大学出版会、２００１年 pp.128-132

（注４）湯川嘉津美「Ⅱ．倉橋惣三の保育実践研究と『生活』」 日本保育学会編『戦後の子どもの生活と保育』相川書房、２００９年

（注５）加藤繁美『対話的保育カリキュラム（上）理論と構造』ひとなる書房、２００７年

（注６）大豆生田啓友「倉橋惣三の保育方法論と現代の保育」 津守真・森上史朗編『倉橋惣三と現代保育』フレーベル館、２００８年

（注７）汐見稔幸「第１章 子育てと保育」 日本保育学会編『保育学講座① 保育学とは』東京大学出版会、２０１６年 p.32

（注８）汐見稔幸『汐見稔幸 こども・保育・人間――子どもにかかわるすべての人に』学研教育みらい、２０１８年 pp.36-37

（注９）大豆生田啓友『倉橋惣三を旅する 21世紀型の保育の探求』フレーベル館、２０１７年

子ども主体の生活と保育

鈴木まひろ
Mahiro Suzuki

同じ地平を見る

指示を待たないと動き出せない。物知りだけれど、身体は不器用。面白いよと誘っても、疲れる、面倒くさいが返ってくる。そんな子どもが気になり始めたのが１９８０年の頃でした。どうしたら子どもが自らを輝かして、今を生きてくれるだろうかと、そこから試行錯誤が始まりました。

私はその頃、全国私立保育園連盟の研修部を手伝い始めていて、役得で様々な講師の先生と出会いましたが、汐見さんの話は、保育のフレームを超えて、

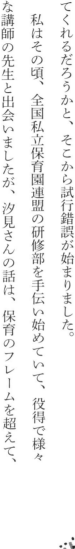

文化人類学や社会学、生物学や大脳生理学をはじめ、人間形成に関わるあらゆる分野を横断俯瞰して課題を可視化してくれ、行く先を照らしてくれる希望と元気がもらえるものでした。それからいつの間にか40年近くが経ち、気が付いてみたらその思想が、私たちの中に沁み込んでいることに気が付きます。

保育園で製鉄？　ありえないでしょ！

以前、ソニー教育財団による「幼児教育支援プログラム」に応募して、賞をいただいたことがありました。応募したのは、私たちが独自に進めてきた保育の見直しが、どう子どもたちを、育つ主体・学ぶ主体として成長させたのかについて、世間の評価を知りたかったからでした。受賞にあたっての公開保育で、審査委員を務められた秋田喜代美さんは、講評の中で次のような話をされました。

「私はいろんな園を訪れる機会があるけれど、拾ってきた木の枝で火をおこしたいなんていう子にこれまで出会ったことがない。ましてやおこした火で鉄を

溶かして、手裏剣を作りたいなど言い出す子はいなかった」と。

賞をいただけた実践は、砂鉄を溶かして最後は薄刃の包丁になったというものですが、そもそも保育園で製鉄をとりあげることなど、保育者には思いもつかない話でした。

共通の課題意識をもって仲間と取り組む力

年長児は、秋の運動会を迎える時期になると、個々に温度差はあるものの、クラスの仲間の力を借りながら、共通の課題意識をもって、解決に向けて取り組もうとする姿が見えてきます。こうした育ちの力は、乳児からの共同生活の中で少しずつ育まれてきたものですが、年長のこの時期になってくると、周囲からも実感できる程に育ってくるのです。そこで、その力に信頼を寄せて、運動会もどんな運動会にしたいのか、開会式の企画から競技、当日の運営まで子どもと話し合いながら作り、任せられそうなことはできるだけ子どもに任せて

みるという取り組みをしてきました。自分たちで考えたことが、形になっていくことの面白さや、やり遂げられた手応えは、個々の成長だけでなく群れの成長にもつながっていくのです。

周りの世界に不思議を感じる子どもたちの感性

3・11の大震災があった年に、「あれはなまずが暴れたからだ」「絵本で見た」と一人の子が言い出したことがきっかけになって、なまずを探しに出かけたことがありました。すると、沼に油が浮いていて、「地面の下から湧いてきたんだ」と教えてくれた子がいて、油に関心が移りました。さらに科学絵本から調理油の廃油でローソクが作れることを知り、やってみたいと作ってみたら、ローソクについてもっと知りたくなりました。そこで、身近な中学校の理科の先生に相談してみたら、理科室で2コマ90分の実験授業をしてくれたのでした。その後、園庭の椿の種からも油が絞れることが分かって、車のジャッキまで出して

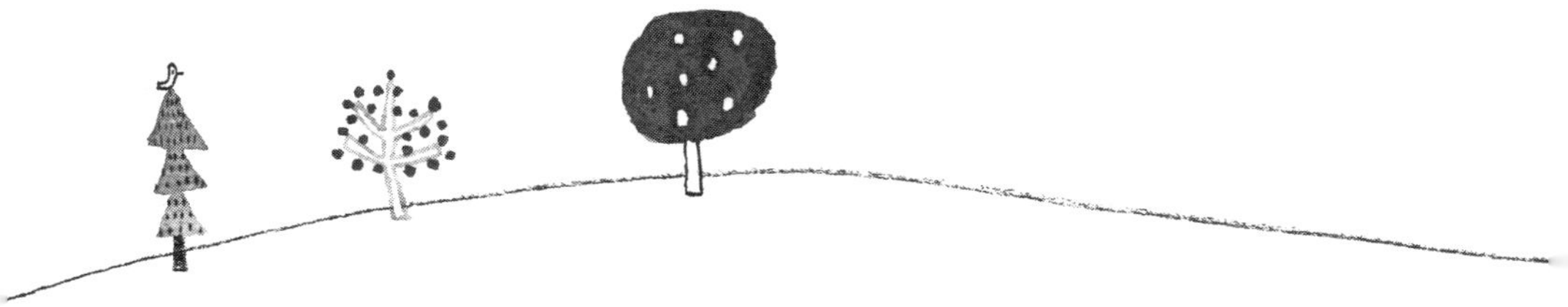

みたけれど絞れない。何とかしたいと探したら、日本椿協会の理事さんと出会えて、椿油の天ぷらが食べられたばかりか、紹介してくれた伊豆大島の搾油工場に、種を持って出かけたこともありました。

周りで起きている多様な世界と日々出会い、「不思議？　何故？」と関心を向けてくれる子どもたちの豊かな感性のお陰で、大人たちも随分と様々な体験ができて、物知りにもなれて、楽しませてもらえます。

そんな生活の中で、この秋飼っていた鈴虫が産み残してくれた卵を越冬させたいのだけれど、そのためには、滅菌した土を上に掛ける必要があることを本から知りました。そこで、土をフライパンで焼いたり、日光消毒をしたのですが、菌はどこにいるのかさっぱり見えない。折しも小学生の兄が授業で使った顕微鏡が家庭で話題になったのでしょう、顕微鏡でのぞいて菌を見たいとのぞいてみたり、副園長が自作の味噌にはびこったカビを見せてくれたりしたのでした。そしてこれは何？と子どもたちの中に不思議がわき上がってきたのです。

こうして始まったカビ研究ですが、このあとどんな出会いが待っているのか、

保護者もその進捗状況に関心を向けながら、ワクワクしているのです。

学びへの意欲を持続させるもの

誰かが面白がり始めたことが周囲にこぼれ始める。そして、いつの間にかクラス規模にまで感染が広がることがあります。しかし、個々には温度差はあるし、気持ちも乗っているときばかりではありません。少し離れてみたくなったり、他の「面白そう」に出会ってしまったりも起きるのです。なので、今はやりたくないなど緩やかな共同関係で、ごまかしでは終わらせたくないと本物（真実）を求めて、子どもたちの関心ごとに付き合います。そして、あきらめずに課題に向き合っていくと、それに応えてくれる世間の人がちゃんと居てくれて、待っていてくれる。そこがまた面白いのです。

世間にも面倒をかけながら、一人一人を主人公にした学びへの意欲が、出たりひっこんだりもありながら持続していくのだけれど、それを支えているのは

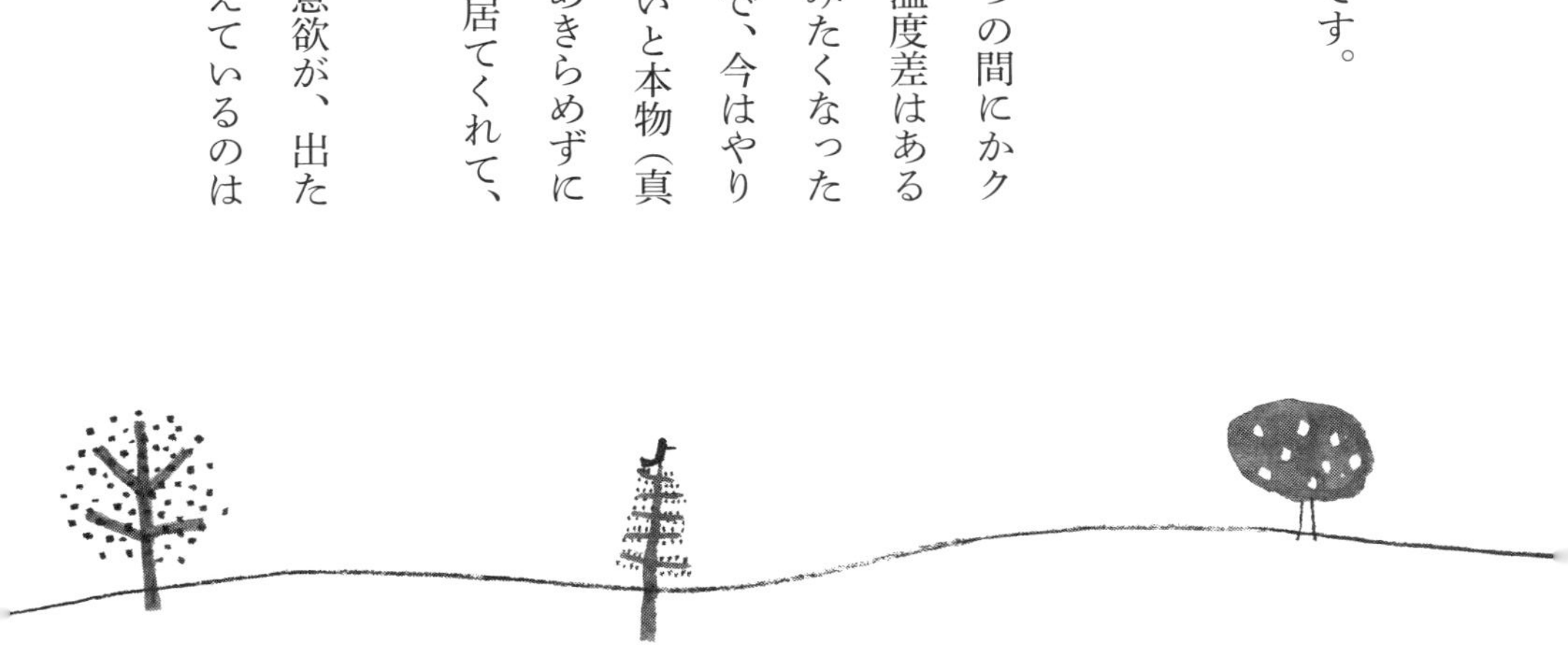

どんなことなのでしょうか。それは、考えたこと・分かったと思ったことを直ぐに試せること。うまくいかなかったら、えっ何故？と、また次の試行錯誤の時間が保障されていることなのだと思うのです。ところが、学校での教科書主体の学び方は、将来のためのあらかじめの蓄えになっていて、学びを、今ここで活かす（試す）ことがしにくいのです。あれだけ英語を学んでも、皆がしゃべれるようにならないのは、学んだ英語を身近に使ってみる機会がないからです。話してみたら通じたという実感は、学びを生きるためのツールにするのです。

サスティナブルリノベーション

さて、話をもどすと、子どもたちはどうして、このように身の回りで起きていることに、もっと知りたいとか、自分たちで何とかしたいと関心や意欲を示すのでしょうか。それはもちろん、子どもたち自身がもつ好奇心が源になっているることや、それを受け止めてくれる人が居てくれることが重要なのですが、

同時に子どもたちの周りにいる大人たちの存在の仕方がとても重要なのだと思うのです。しかし、現実の大人たちは、仕事にほとんどの時間をとられ、家庭や子育てに向かう余裕がありません。でも、そんなお父さん・お母さんも、子どもたちの生活や遊びを通して育つ姿の確かさやたくましさに出会うと、人間本来への回帰が覚醒されるようなのです。

　私たちの園には、おやじの会から独立した窯倶楽部（ＯＢになっても参加できるようにと自立した、熱量の高いグループ）があるのですが、皿や茶碗が焼けるのならレンガも焼けるだろうと、試しに園庭の土を焼いてみたらレンガになった。そこで子どもたちも参加して粘土をこねて、焼いた２００丁のレンガで造ったのはピザ窯でした。買おうと思えば買えるレンガを、身近にあるもので手作り（ブリコラージュ）してしまう。そういう暮らし方を大人たちが生きて見せてくれるようになってきて、子どもに感染させられた大人の活き活きが、今度は子どもに再感染していくのです。

　このように、子どもたちの周りにいる大人たちが、もっと面白楽しくするに

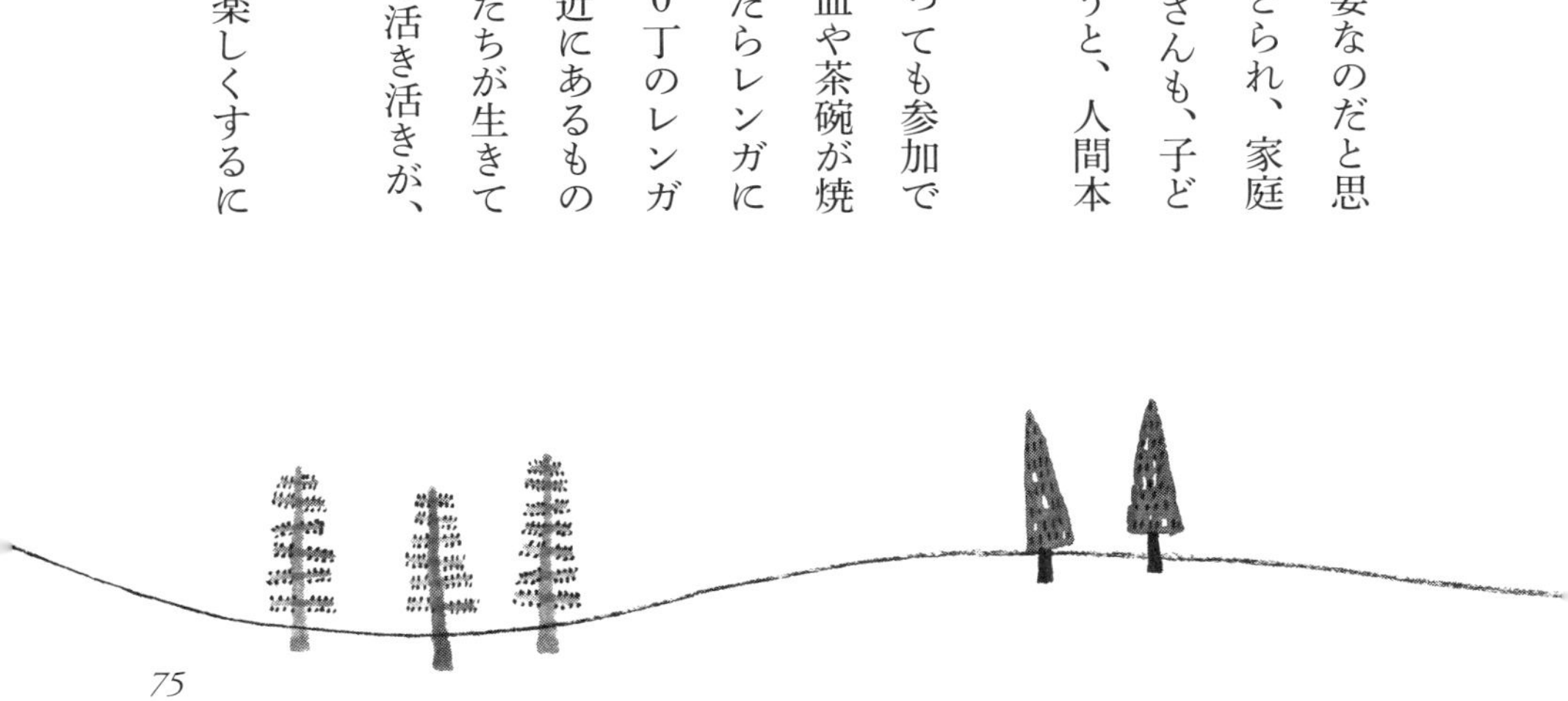

はどうしたらいいのだろう？と、手仕事に汗をかきながら、モデルを生きて見せてくれる。大人たちが、子どもの育ちや共育てを核にした暮らし環境のリノベーション（改築改修）をし続けている（サスティナブルな生き方の）日常の中に、子どもたちが居て学び、混ざって学び、自分もやりたい、やれそうだと真似て学び、手伝って学び、参加・参画しながら、遊びや生活の中で自己実現をしているのです。留まることなく、改修し続けている営みは、生命の営みそのものです。

主体性を育む三つの要素

「主体性」が育まれるための要素が三つあると思います。一つ目は対話的・応答的に向き合うということです。あなたはどうしたいの？あなたならどうするの？と、あなたの思いや考えに聴き入るということです。でも多くの保育現場でそれを難しくしているのは、私たち自身が受けてきた教育スタイルが沁《し》みついてしまって、〝先生をしたく〟なる私がいることや、子どもを未熟ととらえ、

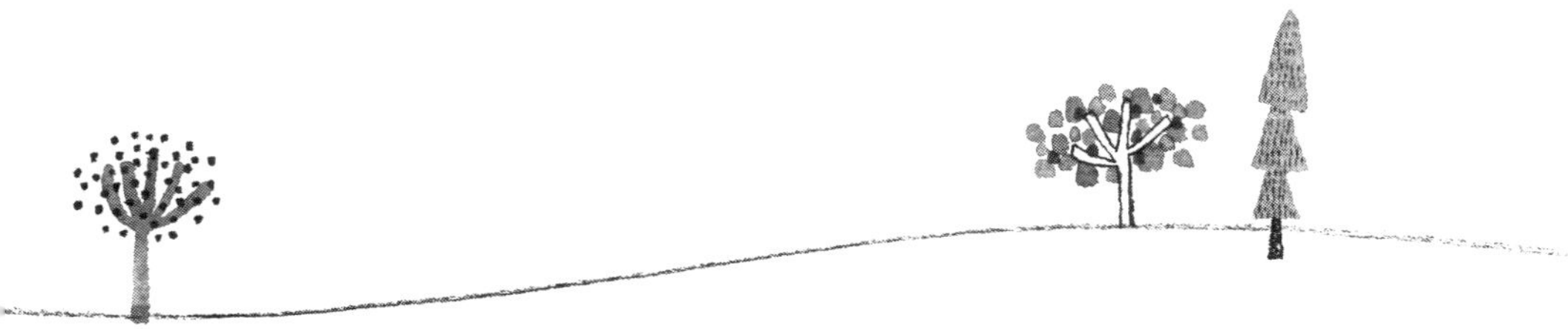

外からの操作で育てようとすることを当たり前としてきたこれまでがあるからです。また、控えめを美徳としてきた日本人だけれど、グローバル社会の広がりと共に、ＮＯと言える日本人に価値観が動いて、逆に、聴く、聴き入ることが疎かになってしまっています。言い合うのではなく聴き合う。今の国と国の関係を見ても、聴き合うことがとても大事と思うのです。

二つ目は、やってみたい、やりたくない、やらない、やめるも含んだ「自己決定」ができることです。「やってみたい」を支えるには、遊びや生活の道具が子どもたちの手の届く（自由に扱える）ものとしてどれだけ用意できるかということです。私の好きな大工仕事は、子どもたちも大好きで、つい真似してみたくなるのですが、自分でもやれそう、やってみたいと自分の力量を試せる場が生活の中で起きて、参加したくなったらそれが叶うことが重要です。もちろん、この子にはまだ任せるのは難しいと思ったら、もう少し大きくなったらねと少し遠ざけて、居る・見るをさせたり、手を添えれば大丈夫かなと寄り添ったり、と信頼の距離を測りながら、遊びや生活まわりに子どもの手に従う道具立てを

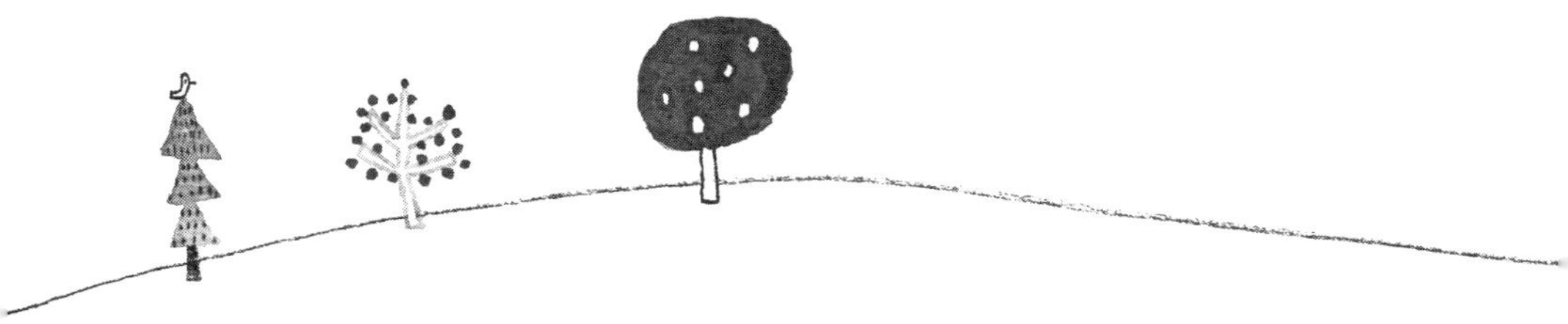

考え､少しずつ使えるものの領域を（子どもでも引き受けられるリスクも）広げていけたらと思うのです。

そして三つ目は、出すぎたおせっかいをしないということです。子どもが自分で何とかしようとしているのに、そのペースを待てないのは、世話好きなだけでなく、こなすことに追われている保育という事情もあるのだと思います。ここは待って見守るのか、アドバイスをするのかは、子どもへの信頼がどのくらいあるかで変わってきます。任せてみたいけれど、やれるかな？　どうかな？　と育ちの可能性に見通しをもちながら、子どもに信頼を寄せて付き合うわけです。

全体としては日々の繰り返しで積み上げられた生活がリズムとしてあり、そこに引きずられながら生活は動いていく。その中で、その周辺では面白そうが、同時多発的に起こり、そこに混ざって面白そうやかっこいいのあこがれと出会い、見て真似て試して、いつの間にか遊びも生活も、ここでの暮らし方として身体になじませ、学びの文化として受け継いでいるのです。

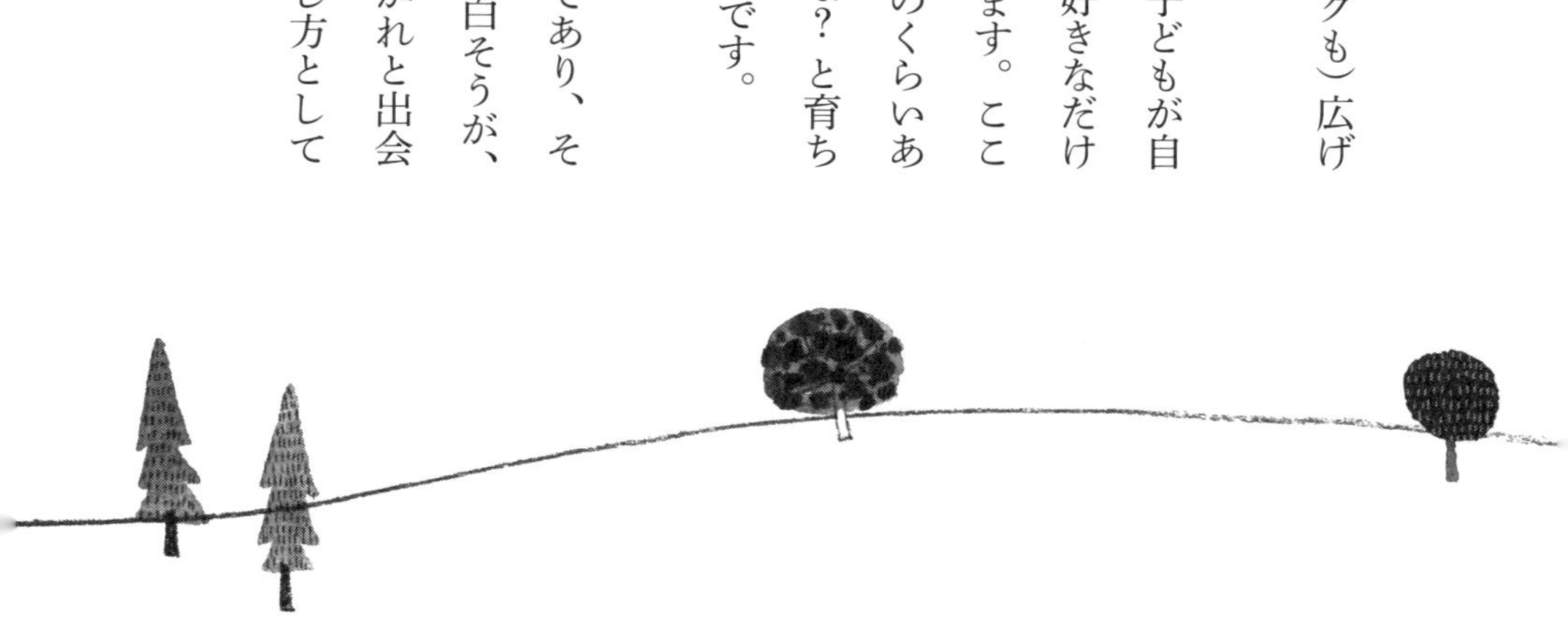

第2章　子育てと子育て支援

今、改めて問われる「父性」「母性」とは

大日向雅美
Masami Ohinata

「父とは？」「母とは？」と悩む親たち

最近、親の相談の中に、親としてのあり方をめぐる悩みが増えているように思います。

つい先日も、ある父親からこんな相談がありました。「もっと育児にかかわりたいけれど、今の職場ではそれが叶わない。転職しようかと思う」。また別の父親は「自分は一所懸命に子育てにかかわっているが、これでは家庭の中に母親が二人いるようで、子どもが混乱するのではないかと気がかりだ」と。そして、

異口同音に「父親の役割とは何ですか」と尋ねるのです。

一方、母親からは依然として育児に孤軍奮闘するつらさを訴える声がやみません。ある母親は3歳と1歳の二人の男の子に対して、つい大声できつく叱りつけてしまうとのこと。「いつも優しいママでいたいのに」と悩んでいます。子育て支援が随分と広まっているように思われる昨今ですが、手のかかる盛りの乳幼児の世話を朝から晩まで一人でする、いわゆる〝ワンオペ育児〟に疲れ果てている母親は依然として大半です。そうした母親たちに、安心できる人に託したり、地域の一時保育を上手に使ったりして、自分の時間をつくるなどリフレッシュをすることを薦めると、こんな答えが返ってきます。「そんなことしていいんですか？　私は母親になったのですから、自分は犠牲にして、子どものためだけを考えるべきなのではないでしょうか。自分がつらいからといって、わが子を人に預けるなんて、考えられません」。もちろん、こうした母親ばかりではありません。リフレッシュも取り入れて子育てを楽しむ母親もいますし、中には、自分のことを優先しすぎると思われる母親もいます。でも、前述のような言葉を発する母親もけっして少数ではないのです。

40年前と変わっていない！

こうした昨今の親たちの声に接すると、とても複雑な思いにとらわれます。父性・母性をめぐる議論にかかわった四十数年あまり前を思い出すからです。1970年代初め、実母による子捨て・子殺しが続いた、いわゆる〝コインロッカー・ベビー事件〟が大きな社会問題となった時です。当時、「なぜ生みの母親がわが子を殺《あや》めるのか」という人々の素朴な疑問は、やがて「女性であればだれもが生来的な育児の適性を所持しているはずであり、育児につまずく母親はそれを喪失した失格者だ」とする母親批判の声となったのです。それと対比する観点から「父性」が議論の俎上にあがりました。この時の議論は、慈愛に満ちた優しさで子どもを包み込む愛情が母性であり、善悪を示し厳しく裁断するのが父性であるというと共に、母性は女性の親である母が、父性は男性の親である父

が担うべきだとし、育児は母性を有する母親の責務だとする点で一致していました。慈愛と厳しさのいずれも子どもの成長発達に欠かせない大切な要件ですが、その担い手を前者は母親、後者は父親に固定するジェンダー優先の母性観・父性観が親の子育てを非常に息苦しくしていたことに、当時の世論はまだ無頓着でした。

3歳児神話再考

母親に育児の大半を課すことを是認する根拠の一つとなったのが、「3歳児神話」でした。一言で3歳児神話といいますが、内容的には三つの要素から成っています。第1は、子どもの成長にとって3歳までが非常に大切だという考え方。第2は、その大切な時期だからこそ、生来的に育児の適性を持った母親が養育に専念すべきだという考え方。第3は、もし母親が働く等の理由で、子どもが3歳まで、あるいは就学前ぐらいまでの時期を育児に専念しないと、子ど

もの心身の成長にゆがみをもたらすという考え方。

　発達心理学の観点から考えると、第1の幼少期の大切さは否定できません。神話ではなく、とても大切な真実です。幼少期の課題は愛を知ることです。人から愛されて、他者を信じる心を育みます。また他者から愛されて、自信を持つことができます。しかし、第2の「母親が育児に専念しなければならない」という考え方は修正が必要でしょう。幼少期に注がれるべき愛情は、適切かつ応答的な情報であり、それは母親だけが担えるものとは限らないからです。子どもを抱き、笑顔であやし、食事を与えるという養育者の行動は、いずれも触覚、視覚、聴覚、味覚等の情報として子どもにキャッチされています。そこには子どもを愛おしく思い、子どもが育つ力を精一杯支援しようという責任感に裏付けられた温かな思いやりが込められている必要があります。こうした愛情を注ぐよう、母親も勿論、努力すべきですが、母親以外の人、父親や祖父母、保育者や地域の人々にも可能ですし、現に多くの人々がそうした養育行動を発揮しています。逆に母親であっても、置かれている生活環境が厳しい等の原因があって、苛立ちやストレスを強めてしまう結果、子どもに適切な愛情を注げない事例は少なくありません。

第3の点については、実証的データに基づいて多面的かつ慎重な論議が必要です。この点については、すでにアメリカなどで詳細な縦断的研究の知見が積み重ねられています。それらを概観すると、子どもの発達は母親の就労の有無だけでは差がみられないことが明らかです。仮に母親が働いていても、①働く意義を母親自身が自覚し②家族の理解と協力がある③日中の保育環境が優れている④職場に家庭と仕事の両立支援を行う環境がある等の条件が整っている場合には、子どもの発達は知的にも社会性や情緒面でも優れていることが報告されています。ただし、保育の質や保育時間の長さによって、子どもの発達や母子関係に全く影響がないわけではありません。乳幼児期の子どもにとって大切なのは、保育の質や時間を含めて親がどのような保育を選ぶかであり、その点も含めて親や家族の特徴（家族関係、経済的状況、母親の性格や仕事に対する態度・心理的充足度・子どもの心を読みとる力）が問われることが示唆され

ています（詳細は大日向、２０１５参照）。いずれの研究も母親の就労は単に女性の問題だけではなく、家族のあり方、保育の質、企業の両立支援など、社会全体が取り組むべき課題であることを示唆しています。

前述のコインロッカー・ベビー事件を契機に、伝統的な母性観の弊害を指摘し、そこからの解放の必要性を訴えた私の母性研究（１９８８・２０１６）の中核をなすものが、３歳児神話からの解放でした。その後、厚生省が「３歳児神話には合理的根拠がない」と白書に記載して話題を呼んだのが１９８８年です。日本列島が１・57ショックに揺れて、少子化対策に着手した１９９０年から数年を経たときです。こうした中で子育て支援が急速に進められ、２０１５年には１・57ショックから四半世紀をかけた集大成ともいえる「子ども・子育て支援新制度」がスタートしています。けっして十分とはいえないまでも、社会に子育て支援の機運が醸成されているように思える昨今です。

それにもかかわらず、冒頭に紹介したような親の声に接する機会が増えているのです。また、「赤ちゃんにはママがいいに決まっている。父親の育児参加は赤ちゃんに迷惑に決まっている」などと、ある政府高官が講演会で発言したことが話題にもなっています。3歳児神話を話題にすると、とかく母親の愛情や母親による育児の大切さを否定するのかといった、感情的な反発の声もいまだに聞かれますが、けっしてそうではありません。母親も父親も心豊かに子育てにかかわることができるための社会的支援のあり方、つまり子育て支援のあり方を考えることに他ならないことを、改めて強調しておきたいと思います。

母性・父性を考えることは、歴史を振り返り、新たな歴史を創る挑戦

いまだに固定的な母性観・父性観にとらわれている人々の声を聞くと、1・57ショック以来、積み重ねてきた子育て支援はいったいなんだったのかと、正直、忸怩たる思いです。

しかし、たしかに変わっているものがあることも見ておきたいと思います。

それは親たちが立っている舞台は40年前と着実に変わっていることです。コインロッカー・ベビー事件当時の母親たちは、育児がつらいと大きな声では言えなかったのですが、仮に言ったとしても、その声に救いの手を差し伸べることのできる社会や地域の支援は皆無でした。今は違います。「地域の子育てひろばに行ってみませんか」「行政やNPOなどが行っている一時保育がありますよ」「子育てや家庭の問題など、どんなことでも相談できる場所（利用者支援）がいろいろな所に設置され始めていますから」と伝えることができるようになっています。その上で、そうした子育て支援をどう使うのかを含めて親自身が親としての役割を考えることができる土壌が整いつつあることは、子どもの育ちを社会の皆で見守り支えようとする地域のあり方をさらに前進させる大きな一歩となるのではないでしょうか。

子育てを母親だけの適性とみなし、父親は一家の生計の担い手とする役割分担に基づいた母性観・父性観は、職住分離の産業構造のもとで資本主義の推進が図られた近代以降のことです。日本でいえば戦後の高度経済成長期以降のことに過ぎません。農業漁業等の第一次産業が主流だった時代は、皆が働き、皆で子どもの育ちを担っていたのです。汐見稔幸先生はかつての子育てを〝放牧状態〟という言葉でよく喩えておられます。今、そしてこれからの時代に即して、子どもたちが地域の中でのびやかに育ち、その健やかな成長発達を皆が支えられる放牧的な地域社会を新たに創りたい。そのためには慈愛と厳しさは生物学的な母と父にだけ託されるものではない、大人の皆がそれぞれの個性のもとで発揮すべきだという理解がいっそう進むことを期待したいと思います。

参考文献
大日向雅美『増補　母性愛神話の罠』日本評論社、２０１５年
大日向雅美『母性の研究』川島書店、１９８８年
　　　　　『新装版　母性の研究』日本評論社、２０１６年

山姥と観音
――幕末維新期のふたつの母子像

太田素子
Motoko Ohta

汐見稔幸さんには、人生の要所要所で助けていただいた記憶しかない。若い頃、結婚パーティーの司会を務めていただいたのが最初だった。その後、保育関係の会で幾度となく講演をお願いして、いつも充実したお話をしていただいた。それぞれ重要な意味をもつ講演会でお願いしていたので、汐見さんが夫の敬愛する友人で、私はとても得をしたと感謝していた。

　なかでも忘れられないのは、拙著『江戸の親子――父親が子どもを育てた時代』の紹介記事を朝日新聞に書いてくださったことだ。子育ては母親の仕事と

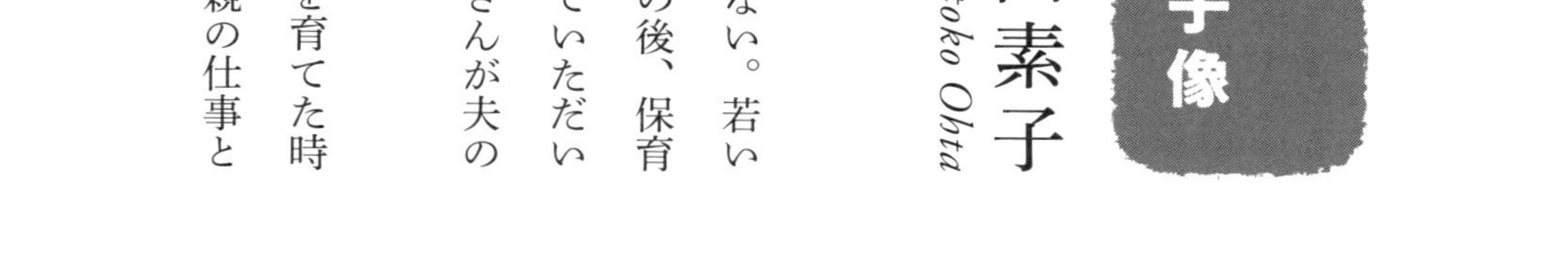

いう近代の性別役割分業を相対化したこの小著は、汐見さん自身の父親論、父親としての実践にピタリとはまる内容をもっていたと思う。江戸時代は小さな直系家族が家業を通じて社会を構成していたので、家業のリーダーである家長は、家業と家の継承のために子育てのリーダーでもあらねばならなかった。小さな家族の中では、子どもとの間によく感情交流も生まれていた。そんな趣旨で小著を紹介してくださったかと思う。悪文書きの私は、私以上に端的に私の著作を紹介してくださったと感じて、苦笑してしまったのを覚えている。

いま私は、幕末維新期に関心をもち、家父長の子育てからどのような過程を経て「良妻賢母」の時代の、母親による子育てへの転換が生まれたかという点に関心をもっている。それは一見、近代の性別役割分業を認めるような研究に見えるかもしれない。しかしそうではなく、近代的な母親像そのものの中に次の時代への転換の芽を見出したいと考えてのことだ。その一端として、ここではふたつの母子像について考えてみたい。

周知のように母子像はヨーロッパでは、「聖母子像」が次第に現実の母子を描くように世俗化していった。それに対して日本の母子像は、徳川中後期に浮世絵の中に出現した。浮世絵は、「浮き世」、つまりつかの間の世だから浮き浮きと過ごそうという、彼岸の理想よりは此岸の現実に即して生きる「今」を題材にするアートの世界として、17世紀後半の江戸に誕生した。浮世絵の二大テーマは役者絵と美人画で、非日常的な遊楽の世界のブロマイドのような性格をもっていたのである。そうした庶民的なアートの中から日常そのものの母子の世界、あるいは子どもの遊びの世界がテーマとして取り上げられ描かれるようになったこと、美人画の中から分化して母子絵が誕生したことは興味深い。

例えば鈴木春信の《夏姿　母と子》は、聖母子像の構図を見たのではないかと思われるような、胸の前に赤子を抱く姿で母子の図像を描いている。山東京伝の師に当たる北尾重政や磯田湖龍斎らの母子像を経て、さらに本格的なものは、喜多川歌麿の《山姥と金太郎》の一連の作品や、「当世女房」をテーマにした錦絵、授乳する母、遊びたわむれる母子の姿に表れた。文化年間に活躍した歌麿の場合、美人画が幕府の奢侈《しゃし》禁止令に抵触するなかで「母子絵に活路を求めたもの」と、浮世絵史の中では評価されている。しかし、美人画と同じように人々が母子絵を歓迎して購入したとすれば、すでに人々の感性の中に、育児する母親の役割を尊重する価値観が生まれていたということになろう。

幕末になっても母子絵・子ども絵は廃れるどころか、益々多くの浮世絵師が好んで母子や子どもの遊びを描き続けた。歌川豊国、歌川国貞、歌川国芳、菊川英山、渓斎（菊川）英泉などは、とくに母と子どもの世界を描き続けた絵師たちである。こうした江戸町人の文化が明治期にどのような展開を見せるのか、その典型のひとつがここで注目するふたつの母子絵にあるのではないかと考えている。

ひとつは、河鍋暁斎《かわなべきょうさい》の《山姥図《やまんばず》》である。幕末から明治にかけて生きた絵師、河鍋暁斎（１８３１－１８８９）は幼い時から絵画を好み、７歳で浮世絵師の歌川国芳（１７９８－１８６１）に入門、10歳から駿河台狩野派に学び、19歳で修行を終えた。その後も土佐派や円山四条派などの伝統的な日本画を学び、日本画、浮世絵、西洋画の画法を貪欲に吸収、「画鬼」と称されていたという。鹿鳴館を設計したJ・コンダーが暁斎に入門して「暁英」という号を与えられるなど、当時の海外の美術愛好家にも深く愛されていた。作品の多くがイギリス在住のI・ゴールドマンによって収集され、ゴールドマン・コレクションは現在大英博物館に収蔵されている。ゴールドマンは暁斎の魅力を、「絵師としての技術の高さ、愛らしくも感傷的でない動物表現、非凡なウイットとユーモア」と指摘している。その視野の広さと自らに対する芸術的な要求水準の高さ、にもかかわらず開放的で庶民的な感覚が共存している点は、ただの浮世絵師ではなく、そして伝統的な画壇の人でもないスケールの大きさを見せている。

そうした暁斎には現在わかっている範囲では、山姥と金太郎を描いた2枚の肉筆画がある。1枚は等身大の大きな《山姥図》で、1884（明治17）年5月、パリで開かれた「巴里府日本美術縦覧会」に出品した作品だ（図像1）。凜とした表情の山姥が怪童丸（金太郎）を抱いて立っている。幕末に描かれた山姥が、

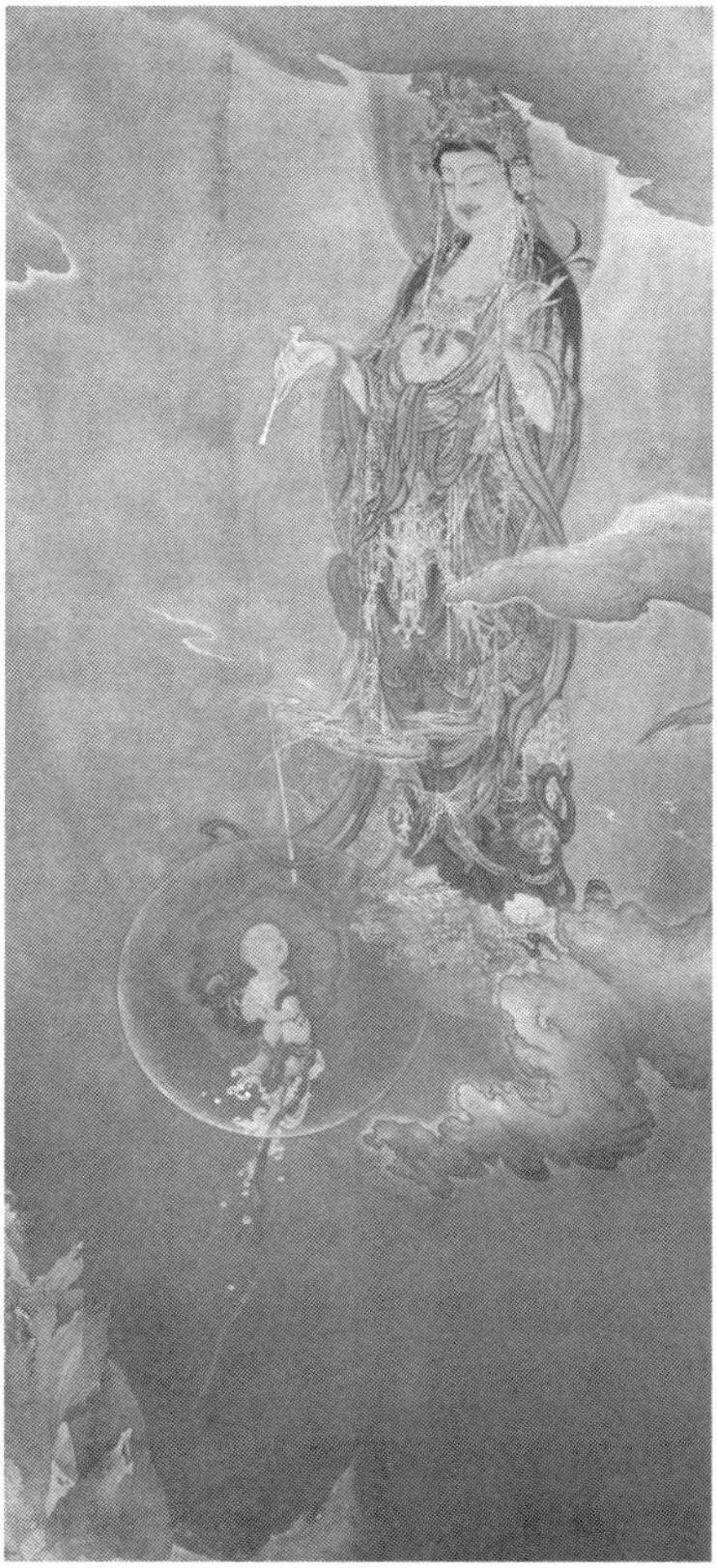

（図像2）
狩野芳崖《悲母観音》　明治21（1888）年
絹本着色　東京藝術大学所蔵

（図像1）
河鍋暁斎《山姥図》　明治17（1884）年頃
絹本着色　東京国立博物館所蔵
Image：TNM Image Archives

どちらかといえば優しさと無邪気な表情をもち、なかには一緒に遊ぶ母親もいたのに比べると、優しさと同時に覚悟をもった厳しさが印象的なこの山姥は、冷静に客観的に子どもを受け止める眼差しによって、母親が育児の責任者になった時代の母親像を体現しているといっても過言ではあるまい。高等女学校令が発布される２年前の作品である。

ただ、子ども（怪童丸）と動物の関係に目を転ずると、身を乗り出して犬とたわむれる様子は近世の図像との連続性を見せており、動物の表情には人間（子ども）と感情を交わす暁斎らしい表現が見事に描かれている。

ところでこの絵は、同時期に描かれたもうひとつの母子像と比べたくなる。それは、狩野芳崖（１８２８－１８８８）の《悲母観音》（図像２）だ。暁斎の山姥像は亡くなる５年前、暁斎の熟年期の作品であり、芳崖の悲母観音像は、完成直前に芳崖がなくなった絶筆の代表作である。いずれも両絵師の傑作中の傑作と見てよい。そして「山姥」が「鬼子母神信仰」とのつながりを暗示するのに対して、こちらは万物の救済を目指す「観音信仰」とつながる。

《悲母観音》を描いた狩野芳崖は、日本画の父、橋本雅邦とともに日本画の近世近代を橋渡しした人であり、狩野派の最後を飾る大家であった。長門国に生まれ、江戸に出て狩野勝川院に師事、橋本雅邦とともにその英才を謳《うた》われる。従前の狩野派の筆法に西洋画の画法を取り入れ、E・フェノロサや岡倉天心とともに東京美術学校設立に尽くした。絶作《悲母観音》は、日本画近代化の第一段階における記念碑的作品とされている。

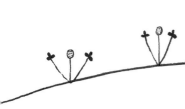

《悲母観音》の含意は、近世の子返し教諭に使われた図絵と比較するとよくわかるのではないかと筆者は考えている。例えば松平定信が文晁に描かせたとされる白河常宣寺の《子殺教諭図》は地獄絵だが、中央上部に嬰児《えいじ》殺しを実行する女性が描かれ、右上には神々、左上では菩薩や観音がこの行為を悲しんでいる。この構図はもっと簡略化されて各地の教諭書に描かれた。『皆山集』の絵図にも確かな筆致の観音菩薩が描かれている。

これらの図絵は広く流布して人々の意識に影響を与え、「悲母観音」のモチーフに痕跡を残していたのではないだろうか。観音が今まさに生命の一滴を地上に落とす。生まれ出ようとする赤子は、《悲母観音》の下絵（東京藝大所蔵）では、驚いたように観音を見上げている。こうして地上に送られた生命を待ち構える運命を、悲母観音はずっと見つめているのだろう。生命の誕生の一瞬を厳かに描き出している。なお、悲母観音の最終的な絵では、赤子は合唱する姿で描かれる。地上でこれから始まる運命を祈りで迎えようとするのであろう。そこには近世に描かれた具体的な子どもから離れて、抽象的に子どもの魂が捉えられている。

暁斎の山姥が子どもを守りつつ現世を生き抜く覚悟、育てる覚悟を表現しているのに対して、芳崖の悲母観音は生命の尊厳を宇宙観の中に表現している。どちらも近世の図像がもつイメージの延長に描かれているのに、明らかにふたつの方向に変調していることが確認できる。

なお、暁斎にはもう1枚、山姥の図像がある。ゴールドマン・コレクションの中にあって、「これぞ暁斎！」展（2017年）で日本で初めて展示された。制作年代が明治4年から22年の間と推定期間が長くなっているが、疾風怒濤の中を金太郎の手をつかんで歩を進める山姥は、維新の動乱と生活苦の中を生きる母子を連想させせる。それでも山姥の表情が明るいことと、金太郎の赤い背中がたくましく描かれていることが印象的だ。暁斎の2枚の作品の山姥に共通するのは、社会生活を見つめるリアリズムにある。

さて、このふたつの母子像は明治期の良妻賢母像へと連なっていったのであろうか。明治期の母子像、家族関係の絵図による分析はなお今後の課題である。しかし、見通しからいうと、おそらく「科学的な育児、合理的な家事」（三島通良や嶋山春子のように）をめざす明治の女性像は、近世の伝統と切れたところで展開してゆくのであろう。錦絵や子育て書の挿絵、学校の掛図など、今後も図像による分析を検討してゆきたい。

子育てとアロマザリング

根ケ山光一
Koichi Negayama

ヒトは子育てに悩む動物です。最近は親の「燃え尽き」現象が論文のテーマになったりもしています（Hubert & Aujoulat, 2018など）。子育てに悩むだけではなく、時には親であっても子どもを虐待したり、ひどい場合は殺害したりもします。ヒトというのはつくづく子育ての下手なサルだと思います。

ヒトの子育て

ヒトの赤ん坊は一見未熟な状態で生まれます。そして大型類人猿に比べ、一

人前の社会人として認められるようになるまでには長い時間を要します。おまけにヒトの子どもは数年ごとに生まれ、その出産間隔は大型類人猿よりも短いといわれますから、ヒトの子育てはとても負担の重いものであるということがわかります。母親のまわりの人が母親に協力して子育てを行うというヒトの育児のスタイルは、そういう事情が背後にあるヒトの繁殖上の適応であると考えられます。核家族のなかではその最も身近なヒトが父親です。

父親だけではありません。自らは出産年齢を過ぎた女性が閉経後も長期にわたって生き続け、自分の孫の育ちを助けるという独自な特徴ももっています。そこには孫育てを通じて自分の遺伝子を残そうとするのだとする「おばあさん仮説」があります。孫育てという意味ではおじいさんも同列なのですが、雌の体内に精子を送り込む雄は、自分のお腹のなかで子どもを育てる雌に比べると、生まれた子どもが自分の子であるという確実度が下がるため、おじいさんはおばあさんほど孫育てに力を注がないという傾向があるのだとされています。

このように、母親以外の父親や祖母などによって幼い子どもが育てられるこ

とを「アロマザリング」といいます。アロマザリングは霊長類において発達した子育てのスタイルですが、ヒトではそれが一層顕著であるといわれます。文化人類学的研究では、アロマザリングが他のおとなや子どもを含む多くの人にシェアされた行動であることがくり返し示されています。それゆえにヒトは、「協力的育児（cooperative breeding）」の発達したサルであるといわれます（Kramer, 2010）。またヒトは、他人の子どもを養子として引き取って育てる（原、1979）という意味でも、育児の共同化が盛んな種であるといえるでしょう。

ヒトのアロマザリング

ヒトのアロマザリングを特徴づけるうえで忘れてはならないもう一つの事実は、それがヒトだけではなく多くの育児具や玩具などのモノも含んでおり、母親やアロマザーは身一つで養育を行うのではなく、そういったモノの助けも借りながら行うという点です（根ケ山、2006）。いわば〈ヒト－モノ〉システム

として養育がなされているのです。さらにいえば、そのようなモノやヒトのシステムは、制度的な〈シクミ〉の形としてそのなかで入れ子構造をなしていて、全体として厖大な組織を構成しているのです。それを私は「複合的アロマザリングシステム」と呼んでいます。究極的には、文化も複合的アロマザリングシステムといえるでしょう。

このように多くのヒトの手の間を渡り、そこで多彩なモノに触れることによって、子どもに豊かな社会性と文化性が育つのだと考えられ、その分母親の貢献は相対化されることになります。昔はそのようにして子どもが育てられ、それがヒトの子育てのデフォルトの姿であったといえます。上記のように厖大な、〈ヒト−モノ〉システムとしてアロマザリングをとらえるならば、ヒトの子どもはそのような豊かな世界に開かれ、それとふれ合いながら育っていく生き物であるといえます。

ところで、父親・祖母にせよ保育士にせよ、複数いるアロマザーは図1のように、単にそれぞれが独立して子どものケアに並列的に関わるだけの存在ではあ

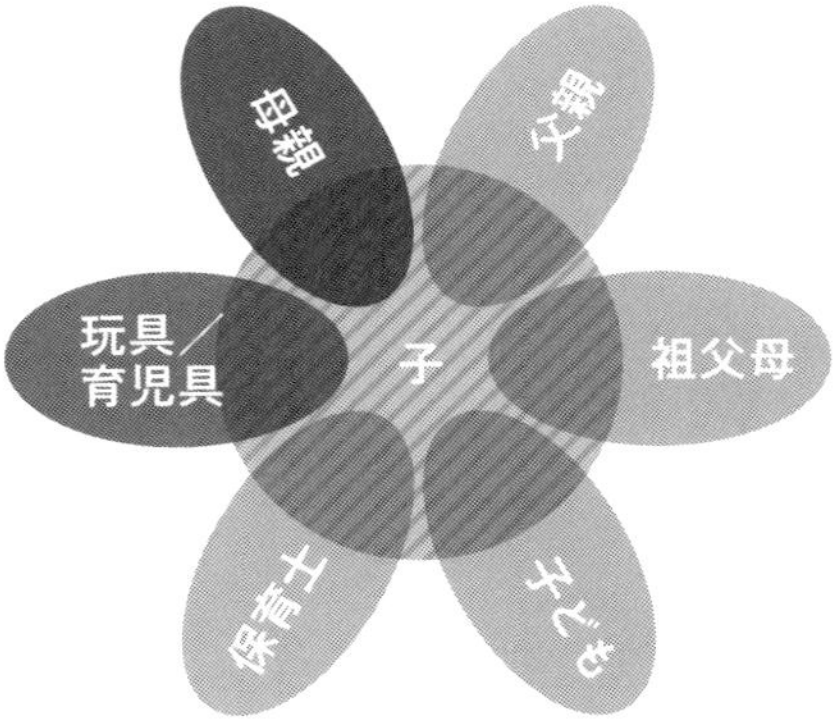

図1　並列的アロマザリングモデル

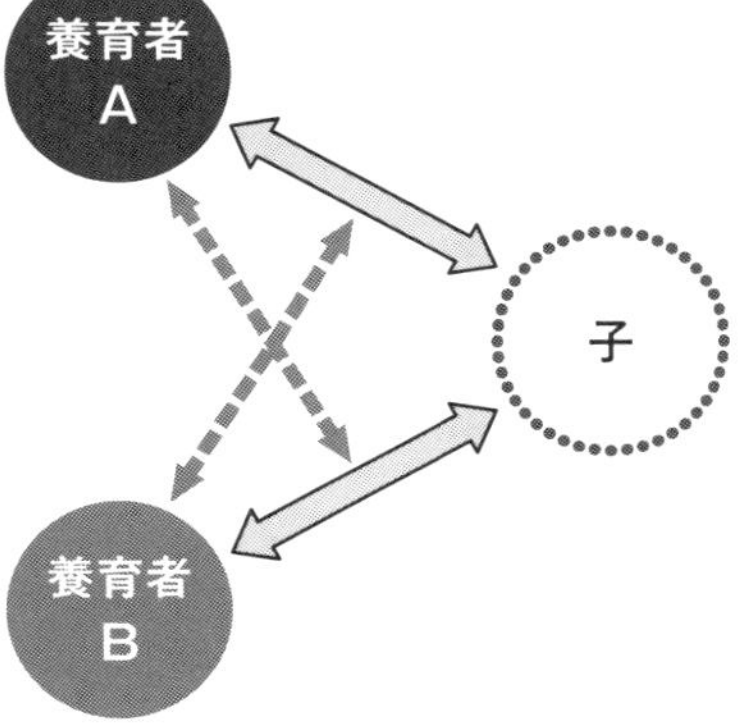

図2　養育者間の相互影響

りません。そうではなくて、養育者A（アロマザー）の子どもへの関わりが養育者B（たとえば母親）の子どもへの関わりに影響するし、また養育者Bの子どもへの関わりに養育者Aが側面からアドバイスや批評も行うという意味で、この3者は相互影響的関係にあります（図2）。アロマザーを単なる母親の育児の支援者とだけとらえるのは狭い見方でしょう。一緒に子育てを行う協力者であるというべきだと思います。いいかえるとそれぞれが、当該の子どもを核にして繋がっている一つのアロマザリングネットワークを構成する要素であるといえます（図3）。母親はそのコーディネーターといったところでしょうか。

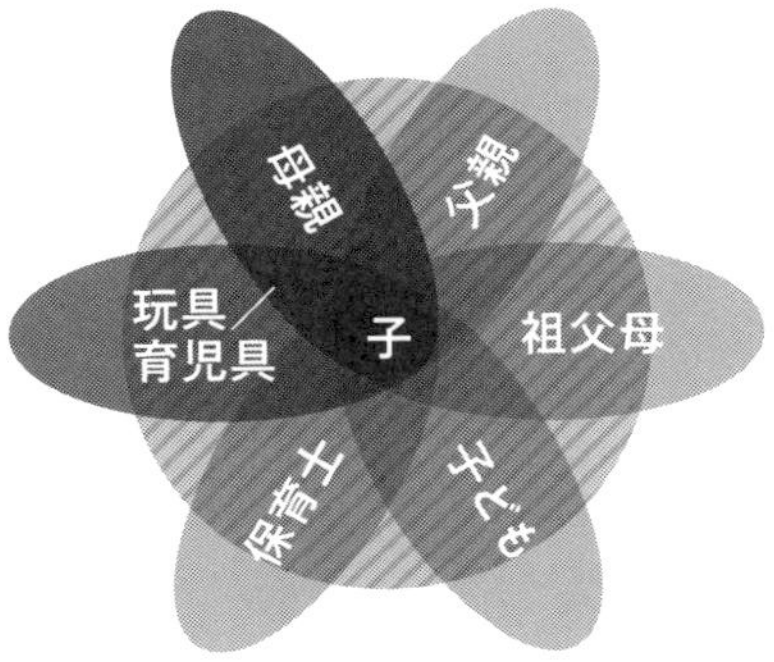

図3　重層的アロマザリングモデル

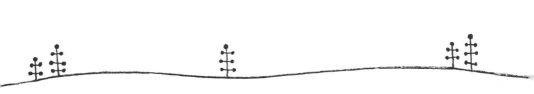

今日の子育ての課題

昨今は少子化が進行して、子どもの数がすっかり少なくなってきてしまいました。また同時に、アロマザーの数も減少しているようです。正しくいえば、父親や祖父母、隣近所のおばさんおじさん、子どもたちは存在するのですが、その人たちと子どものふれ合う機会が減っているのです。父親は仕事に手を取られ、祖父母は遠距離に別居し、近隣はつき合いが乏しく、子どもたちは行動の場が学校や塾などに大きく制約されています。母親こそが子育てを担うべきで、子どももそれを望んでいるのだとする思想が過剰となり、母親にのみ子育ての役割の期待が集中するという歪みが生じているのです。

そういう現状にあって、保育園というシクミは、母親に集中しがちな今日の子育ての期待（圧力？）を緩和し、子どもにアロマザリングを提供して、子どもの社会性を育む独自で貴重な場だということになります。保育園では保育士というアロマザーのみが注目されますが、実はそこには年長の子どもというもう一つの隠れたアロマザーもいます。子どもの育ちを取り囲む多くのアロマザーの存在する場、それが保育園なのです。また保育園は、母親に子育て以外の活動の機会を保障するという意味でも、今日の社会において重要な意味をもつシクミです。

昔は多くのアロマザーと多くの子どもがいることで保たれていたバランスが、今は数の限られた子どもを母親が集中的にケアするという構図に大きく変わってきています。母親が子育ての重要な担い手であることは否定すべきことではありませんが、だからといって母親だけが子育ての担い手であると考えることは大きな間違いなのです。

これからの育児はどうあるべきなのでしょうか。地域のなかで、多様な人との関わりがもてる環境の整備が求められます。文化人類学的な研究によると、父親は母親に比べるとさほど熱心なアロマザーではないようですが、核家族のなかでは父親は他に替えがたい貴重な存在です。今の核家族的な子育て環境では、父親に頑張ってもらうことが重要です。また地域のなかにおられるお年寄りのアロマザーとしての役割も再評価したいものです。地域にアロマザリングが豊かになる環境が生まれることを期待したいと思います。

参考・引用文献

Hubert, S. & Aujoulat, I.（2018）Parental Burnout: When Exhausted Mothers Open Up. *Frontiers in Psychology*, 9: 1021.doi: 10.3389/fpsyg.2018.01021

Kramer, K.L.（2010）Cooperative Breeding and its Significance to the Demographic Success of Humans. *Annual Review of Anthropology*, 39: 417-436.

原ひろ子『子どもの文化人類学』晶文社、１９７９年

根ケ山光一『〈子別れ〉としての子育て』日本放送出版協会、２００６年

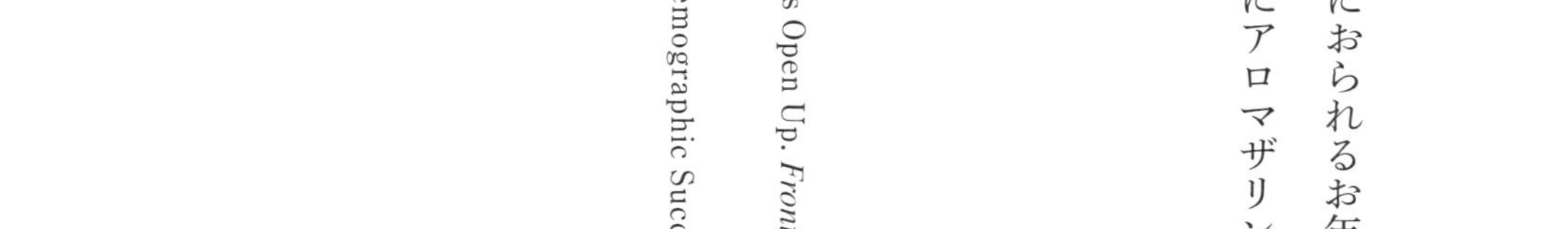

家庭の養育力と社会

菅原ますみ
Masumi Sugawara

子育て家庭を取り巻く社会の状況

２０１７年に日本に誕生した子どもは戦後最低の94万６０６５人で、第一次ベビーブーム（昭和22〜24年）の約２７０万人・第二次ベビーブーム（昭和46〜49年）の約２１０万人の半数以下でした。合計特殊出生率も１・43と再び低下に転じてしまい、２０６５年には日本の人口は８８０８万人まで減少すると予測されています（厚生労働省 平成29年人口動態統計）。２０１１年に生まれた現在７歳の子どもたちは、88歳のときに２１００年、つまり22世紀を迎えますが、そのときの世界人口は１００億人を超えると予想されている一方で、日本の人口は推定根拠とする出生率や死亡率によって幅はありますが、約４９００万～約７４００万人程度まで減少すると見積もられています（国立社会保障・人口問題研究所）。

　私たちが今向かい合っている子どもは、かつてないほど大きな社会変化のなかを生きていく人たちであり、まったく新しい社会を形づくっていく、文字通り〝日本のホープたち〟なのです。いつの時代でも子どもは社会の宝ですが、激動の未来を託し、またその人生を幸福にまっとうしていってもらうために、今ほど真剣に子どもの健やかな育ちを社会全体で考えるべき時代はないのではないか、と思います。

　加速度を増す少子化のなかで、子育て家庭の支援に対する国の取り組みも強まってきています。２０１２年に始まった子ども・子育て新システム制度の本格施行のなかで、２０１６年には〝働き方改革〟〝子育ての環境整備〟〝学びの環境整備〟等の総括的なプランが発表され、２０１７年には幼児教育と高等教育の無償化や、待機児童の解消などをめざした〝人づくり革命〟が経済政策として打ち出されるに至っています（内閣府2018）。安定的な人口構造を支えるといわれる〝希望出生率1・8〟をめざした取り組みとして、地域の子育て世代包括支援センターの全国展開も政策として位置づけられており、貧困やひとり親世帯など困難な状況にある家庭を含め、すべての家庭へのきめ細やかな支援をめざした枠組みが整いつつあります。

　疲弊する地方財政のなかでどうやって財源を調達するのか、人手不足のなかで支援に関わる専門職の確保はどうすればいいか、ケアや教育の質を維持・向上させるためにはどんな新しい工夫が可能なのか……などなど、難題は本当に山積みですが、整理されつつある枠組みをよく吟味しながら、目の前の子どもたちとこれから生まれてくる将来の子どもたちの〝健やかな育ち〟の実現を中心に置き、知恵を絞って忍耐強く進んでいく時期に今はあるのだと強く感じています。

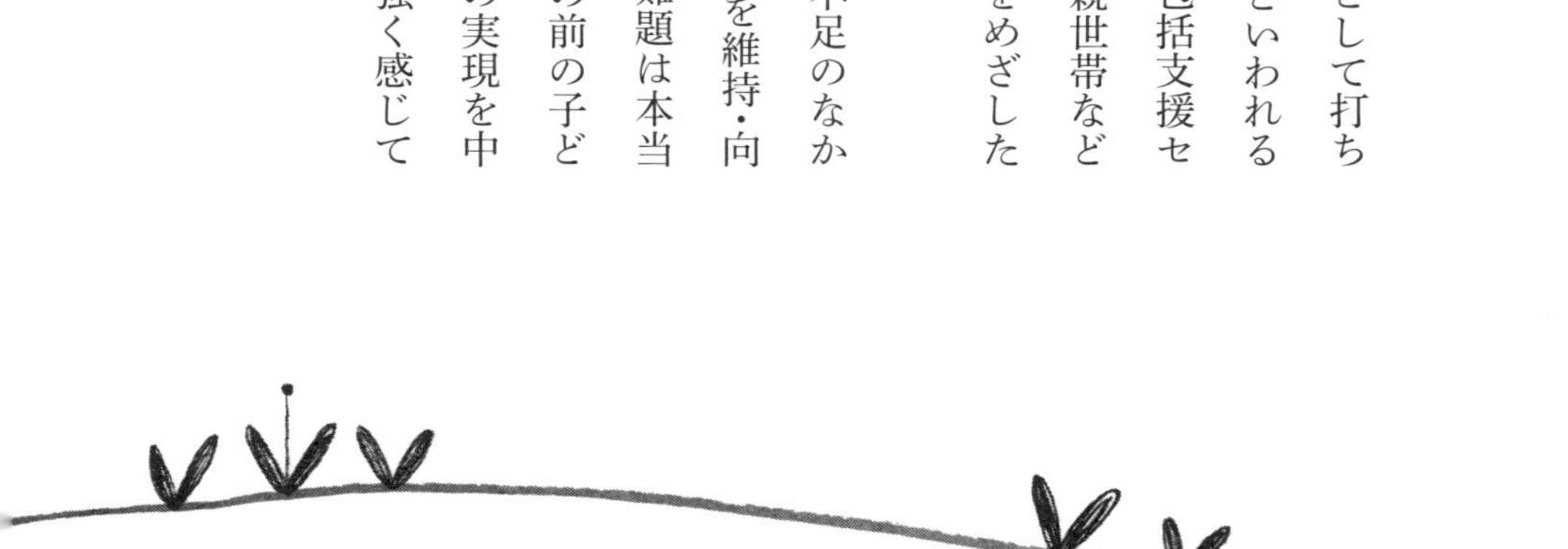

家庭の養育力のいま

日本の少子化は20世紀の半ばに始まり、〝多産多死〟から〝少産少死〟へと大きく出産構造が変化しました。1949年に4・32だった合計特殊出生率は1961年には1・96まで減少し、一家のなかのきょうだい数は、平均4人以上だったのがわずか10年少しの間に2人を切るところまで少なくなったのです（内閣府 2018）。家庭の養育力が低下したとよくいわれますが、その根本的な理由は少子化にあると私は考えています。1955年頃以降に生まれた現在50代から60代の親が少子化第一世代の親、そしてその子どもである20代から30代の親が少子化第二世代の親であり、とても残念なことですが、世代を経るごとに家庭の養育力は縮小再生産されていきます。

現在92歳の私の母は4人きょうだいの長女で、15歳下の妹の子育ては女学生だった彼女がほとんど担当しました。父は10人きょうだいの下から2番目で、同居の20歳上の長兄の5人の子どもたちと一緒に育ちました。学者だった父は

今どきの〝イクメン〟ふうな人ではまったくなかったですが、26歳で自分の子どもを持ったときには既に5人の甥・姪の子育て体験者であり、ひととおりの乳幼児のケアが可能だったといいます。両親にとって自分たちのところに生まれた2人の子どもは、〝人生のなかで再び出会った小さな子どもたち〟であり、素朴ではあっても、ケアの方法から育ちの道すじ、個性のあり様について既知の部分が多くありました。その世代に助けられながら子育てをした私たち少子化第一世代ですが、家庭の中にきょうだいがいても1人か2人、地域で小さな子どもがどんどん減っていくなかで、子育ての経験がほとんどないまま親本番に突入しました。〝子育てストレス〟という言葉が生まれたのもこの頃からです。

時は流れ、私たちの子どもたちである少子化第二世代が親になってきているわけですが、第三世代となる子どもの養育を支援する、第一世代である祖父母（現在50代から60代）の子育ての知恵や技術は、その前の世代とは比較できないくらい質量ともに貧弱なものになってしまっています。しかも超高齢化のなかで80・90歳代の老親の介護と孫の養育支援が重なるダブルケア状態の〝祖父母〟

も多く、十分な支援を調達することが難しい状況にもあります。こうして世代を経るごとに家庭の養育力が低下していくのは少子化社会では必然のことであり、このことをカウントしたうえで教育や支援を組み立てていくことが必要です。家庭内での子育てに関する個人的資質の低下を補いうる家庭外の支援システムの開発、そして幼い頃からの継続した子育て参加経験をつくる教育がとても大切なのです。

　厚生労働省が実施している大規模な子育て世帯の調査（「21世紀出生児縦断調査」）では、平成13年生まれと平成22年生まれ（13年生まれ：3万6785世帯、22年生まれ：2万5397世帯）の時代を異にする二つの誕生コホートサンプルを追跡しています。それぞれ7回目時点（子ども小学校1年生）での調査結果を比較しています。子育てに関する負担感は22年生まれの子どもの親のほうが大きくなっていて、〝身体の疲れが大きい〟では9・4ポイント〝自分の自由な時間が持てない〟は6・2ポイント、〝仕事や家事が十分にできない〟で5・9ポイント高くなっていました。第二世代の子育ての大変さを目にするたびに親

になる前段階での知識やスキルの習得の重要さを感じ、もしも高校・大学入試や就職試験に家庭科や保育科が入ることになったら、誰もが学齢期から真剣に家庭生活や子どもの育ちのことを勉強してくれるのではないかしら……と本気でそんなことを考えています。

変わらない子どもの育ちの姿

家庭での養育やその支援を考えるとき、もうひとつ重要なことは、時代がどんなにめまぐるしく変わったとしても、子どもの発達の姿そのものは、相変わらずゆっくりと、そして発育の順序にしたがって粛々と進んでいくことを認識することだと思います。

20世紀後半以降、〝赤ちゃん〟についての科学的研究が進み、生まれたばかりの新生児であってもちゃんと目が見えて音も聞こえていて、感覚機能はすでにフル回転を始めていること、自分が泣くと特定の〝あの人たち〟(母親や父親、祖父母、保育士やベビーシッターさん）がやって来て、ちょっと甘くて美味しい母乳やミルクが飲めたりおしめが気持ちよくなったりすることを、〝自分が外界に働きかけた行為の結果としてのできごとの流れ〟として学習していることなど、赤ちゃんは私たちが考えていたよりずっとアクティブで有能な存在であることがわかってきました。でも、石器時代でもギリシャ時代や室町時代でも、赤ちゃんはいつだって今と同じに有能で、アクティブに世界とかかわっていました。気付けなかったのは当時の大人の認識のほうであり、それは現代においても変わりありません。

汐見先生と東京家政大学のナースリールームで長らく主任保育士をされていた井桁先生との対談のなかで（『汐見稔幸　こども・保育・人間』〔汐見 2018：p.106〕、井桁先生が「0歳児がものごとを理解しているということを、もっと多くの人にわかってもらうこと、そして子どもを自分と同じ生き物としてリスペクトし、『0歳児ってなかなかの存在だ』と心から思う大人を増やすこと、これがわたしの今の社会の中での戦いです」と述べられていますが、本当にそのとおりだと思います。生物学者のリチャード・ドーキンスはその著書（ドーキンス 2014）のなかで、〝宇宙のなかで成長する〟という言葉に三つの意味を込めて使っているとし、私たち自身が一生のなかで成長していくという意味、生命が進化という過程を経て成長していくという意味、そして人間がそれらに対する理解を深めて成長していくという意味であり、個体発生・系統発生に対する人間の認識の成長の重要さを指摘しています。大人が子どもの育ちに対する理解を深めていくためには、日々新しくなっていく科学的な知見を含めて、育ちの道すじや個性のあり様はどうなっているのか、子どもの育ちの健やかさを保つためにはどんな環境の条件が必要なのか、どの親も思いをはせることができるような知的な目を磨くことが必要だと思います。でも、それは一般の人々にとってなかなか難しいことですし、そもそも発達心理学や教育学は義務教育の教科になっているわけではありませんので、学びの機会に出会うこと自体多いとはいえないのです。

　新生児でも認知能力を発揮して外界の学習を進めているので、置かれた環境が刺激に富み応答的であることがとても大切であること、虐待のような不適切な扱いを受ければ乳児はそれを学習してしまい、通常の対人的な行動が歪められるという大きな被害が発生することがあること、応答的で温かなかかわりがあれば子どもの情緒は安定し、遊びに専念することが可能になること。幼児期になったら発話も歩行も可能になり社会にデビューすることになるので、その頃から社会にはいろいろなルールがあることを教え、それを守れるようになるよう導いてあげることが必要なこと。幼児期後半から児童期は子ども集団のなかで遊ぶことが楽しくなり、そこでケンカしたり役割遊びをしたりしながら社会性がどんどん伸びていくので、一緒に遊べる集団が身近にあることが大切になってくること。発育のスパート（急発進）が始まって青年期に入ると抽象的・論理的な思考力が急速に発達し始め、自分にも親にも社会に対しても批判的で懐疑的な目を向けるようになり、自律への欲求が高まるので、親子関係も適切な距離感が大切になってくること。このような育ちの大枠は人間の歴史という時間的尺のなかではまだ大きな変化はないといえますが、それを取り巻く時代や社会状況はめまぐるしく動いています。

それぞれの時代・社会のなかで、子どもの健やかな育ちにとって必要な事項を、誰が・どのように分担して満たしていくのかが重要であり、全体システムとして大丈夫なのか（今だったら、先ほど論じた家庭養育力が低下して供給できなくなりつつある部分を公共システムとしてどう補填していくか、とか、共働きやひとり親家庭の親子が困らないような家庭外の充実した保育・学童保育環境をどう整備していくか、障害のある子どもたちの子育てを支える細やかで長期的な支援システムをどう構築していくか、などがテーマになるでしょう）、資源が乏しく苦戦している地域や家庭はないのか、注意深くみていき速やかに補填することが必要です。行政や専門家だけでなく、ひとりひとりの親がこうした俯瞰的な視点を持つことができるようになれば、必要なときに声をあげることができるようになりますし、余裕のあるときには援助者になることもできるでしょう。そして、貴重な税金が保育・教育や子育て支援にきちんと適切に使われているのか厳しく見守り、選挙で意思表示することもできるようになります。

急がばまわれ、であり、家庭の子育て支援を考えるときには、当該の子ども

を真ん中に置いて、その成長を楽しみ愛でる気持ちをエンカレッジしていくことが最も重要な目標にはなりますが、親自身の子どもの発達や子育てを取り巻く社会的状況を見る目も同時に育てていく努力を忘れてはならないのではないかと、いつも考えています。

現代の家族が抱えるさまざまな困難に細やかな配慮を

日本の社会にさまざまな格差がひろがりつつあることが懸念され始めて久しくなってきました。家庭養育についても同様な格差の進行がとても心配です。生活に余裕のある経済的中間層以上の家庭では、海外留学などの子どもへの教育投資のさらなる充実に加えて、これまで述べてきたような子育てに必要なさまざまな事項（わが子の発達段階に沿った家庭内外の環境整備やかかわり方の工夫、子育てサポーターや配偶者・祖父母・専門職などの人的資本や、行政の公的な子育て支援制度が用意する諸資源の有効活用、親子の心身の健康のセルフ・

プロモーションや予防・早期治療の開始など）のマネージメント力が向上し、時間的・精神的に余裕のない貧困・低所得家庭との格差が拡大していくことが予想されるからです。離婚後の共同養育の法的整備について、日本でもようやく２０１８年度から検討が開始されることになりましたが、よりスムーズな離婚やその後の共同養育・面会交流のための夫婦間の調整には、マリッジ・カウンセリングや子どもの状態に応じた手厚い心理的サポートが必要です。こうした資源の調達や離婚をめぐる子どもへのかかわりに関する親のリテラシーにも大きな家庭差が生じることが予想され、今後、子どもにとっての養育環境格差はますます多様な場面で進行していく可能性があります。

　養育の危機の下限を設定するとすれば、それはやはり〝虐待（身体的虐待・性的虐待・心理的虐待・ネグレクト）〟と呼ばれている不適切な養育（マルトリートメント　mal-treatment）であり、子どもの人権を侵害し、生存を脅かす犯罪行為として法的な刑罰の対象となります。親であればどのような養育も自由、というわけにはいかないのです。平成29年度に児童相談所で対応した児童虐待件数は過去最高の13万３７７８件で、平成28年度には虐待による死亡事例は77人、約５日にひとりの割合で子どもが命を落としていきました。厚労省では、死亡事例を含めて虐待の発現にかかわるリスク要因について検討を続けてきていますが（厚労省 2018）、その背景として、若年での困難な妊娠・出産や親の精神障害、親自身の生育上の問題、育児ストレス、子どもの育てにくさ、家庭内暴力、地域からの孤立や経済的問題等の子育ての資源不足など、さまざまな要因が複雑に絡み合っている状況が存在しています。子どもの精神病理の発達を扱う発達精神病理学（developmental psychopathology）の領域では、子どもの健やかな育ちを阻害する家庭のリスク要因として、貧困・親の精神障害・夫婦間不和・不適切な養育をあげてきており、時間の流れに沿って複雑に絡み合っていくこれらの要因に関する実証研究を進めるとともに、困難な状況の出現の予防や早期介入プログラムの開発に努めています（Cummings et al., 2000：菅原他 2006）。日本でも、家庭が抱える多様な困難についてより多くの実態調査や発現メカニズムに関する基礎研究、予防や介入プログラムの開発が活性化し、悲劇が起こってしまう前に、細やかな配慮が行き届くように社会的支援の流れを強めていくことが望まれます。

結びに、少し長いですが、このことに関する汐見先生の貴重なご指摘を引用したいと思います（『汐見稔幸 こども・保育・人間』〔汐見 2018：pp.29-30〕）。

> 「教育」というのは「学校教育」が出発点ではないのです。人が生まれ落ちた後、何に出会い、何に感動し、どんな怒りを感じ、どんな悲しさを抱いて成長していくのかという、一人ひとりが作っていくそのドラマを上手に応援してあげるのが教育なんだ、とぼくは思ってきました。しかしそういう条件に恵まれていない、例えば感動するような体験がほとんどないとか、ちょっとしたことで激しく怒られてきたというような子どもがたくさんいます。そういう子どものサポートや、そうしてしまっている親のサポートなどについてあれこれ考えるのが教育学です。

一人ひとりの子どもが、もらった命にどんな色彩を加え、どんな物語を作っていくのかは、その子自身に任せていく。しかしそのためにはいい舞台を作ってあげなければいけないし、「わあ、おもしろい！」と思うものに出会わせてあげなければいけない。荒涼とした風景しか見ていない子どもたちに、世の中にはこういうおもしろい景色、美しい景色、温かい場所があるんだということを見せてあげたい。そうすれば、そこにはまた新しい出会いが生まれるかもしれないからです。

私の専門は発達精神病理学です。汐見先生の言う〝いい舞台〟〝おもしろい景色、美しい景色、温かい場所〟をすべての子どもたちに作り出会ってもらうためには、家庭を中心とした養育環境に関するどんな研究が必要なのか、どのようなエビデンスを社会に提示していくことでそれらの実現速度を速めることができるのか、残された研究者としての時間のなかで真摯に取り組んでいきたいと考えています。

参考・引用文献

厚生労働省（2018）平成29年（2017）人口動態統計（確定数）の概況
https://www.mhlw.go.jp/toukei/saikin/hw/jinkou/kakutei17/

国立社会保障・人口問題研究所（2018）日本の将来推計人口（平成29年推計）
http://www.ipss.go.jp/pp-zenkoku/j/zenkoku2017/pp_zenkoku2017.asp

内閣府（2018）平成30年版少子化社会対策白書

厚生労働省（2018）第7回21世紀出生児縦断調査（平成22年出生児）の概況
https://www.mhlw.go.jp/toukei/saikin/hw/syusseiji/16/dl/gaikyou.pdf

厚生労働省（2018）子ども虐待による死亡事例等の検証結果等について（第14次報告）
https://www.mhlw.go.jp/stf/seisakunitsuite/bunya/0000173329_00001.html

厚生労働省（2018）子ども虐待対応の手引き
https://www.mhlw.go.jp/bunya/kodomo/dv12/00.html

Cummings, E. M., Davies, P. T., & Campbell, S. B. (2000) *Developmental Psychopathology and Family Process: Theory, research, and clinical implications.* New York, NY, US: Guilford Press. 『発達精神病理学：子どもの精神病理の発達と家族関係』（2006）菅原ますみ（監訳） ミネルヴァ書房

リチャード・ドーキンス（2014）『進化とは何か』吉成真由美（編・訳） 早川書房

汐見稔幸（2018）『汐見稔幸 こども・保育・人間』汐見稔幸（著） 新田新一郎（編）学研教育みらい

第3章　子どもと環境

アフォーダンス理論と保育環境

佐々木正人
Masato Sasaki

はじめに地面が発見された

「アフォーダンス」は、20世紀アメリカの知覚心理学者ジェームズ・ギブソン(James J.Gibson, 1904－1979)がつくった用語です。その意味は後で説明しますが、アフォーダンスは現在、保育、建築、デザインなどの多様な現場で、環境について考える人たちが気にしている見逃せないアイデアです。まずギブソンがこの語を生みだした背景について、つぎに保育場面の具体例を紹介します。

ギブソンは1940年代に、飛行パイロットの視覚訓練のために動画テストをつくる仕事をしました。当時、計器類はまだ少なく、機体の空中での姿勢を調整することや、移動した距離を把握する、一番大切な、着陸時に安全に滑走路に進入するなど多くの技術を、パイロットは自分の眼だけにたよって行っていました。いわゆる「有視界飛行」です。彼らの視覚の技を何年間も検討したギブソンは、あることに気づきました。それは、パイロットは地面を見て操縦しているということです。

それまでの心理学では「空間はどのように知覚されるのか?」という問題を解こうとして、真っ暗にした実験室に小さな光源を置き、そこまでの距離（奥行）を実験参加者に答えてもらう、というような方法ばかりを用いてきました。しかし実環境を飛びまわっているパイロットたちは、何もない空間ではなく、動きにつれて見えが流動し、地平線まで広がっている地面を見ていました。飛行のための豊かな情報が、そこにありました。「視覚世界には地面がある。それが視覚の基礎だ」という考えがギブソンをとらえました。そのときに、心理学は地面を発見したわけです（写真1）。

写真1　視覚世界にある地面
(Gibson,1950)より

面の周りには空気がある

周りを見ると、地面に限らず、すべての視覚には背景となる面（サーフェス）があります。私たちは部屋にある物と同時に床面や壁面を見ています。周囲はすべて面であり、そこには特徴的な肌理（キメ、テキスチャー）がありました（写真2）。

環境をつくりあげている物質は、きわめて多様なものが混合しています。物質の性質、たとえば岩や樹木の硬さや壊れやすさ、果物の熟れ具合、ヒトや動物の年齢などは面を見ればわかります。面には物質の重要な性質が露出しています。

1970年代に入って、面の性質と、面が露出しているところについて考えていたギブソンに、もう一つの大きな発見が訪れました。

動物は周囲を光や振動や接触で知る。視覚や聴覚や触覚などで知るために、動物はからだを動かす必要がある。環境を知るための自在な探索、たとえば、

写真2　どの面も特徴あるキメをもつ
（同前）

そばまで行く、見回す、耳をそば立てる、触れてみる、ときには振ってみる、かじってみるなどが可能なのは、周りに透明な空気（水）があるからだ、という発見です。空気は動物に呼吸を与えているだけではなく、その中で動く、どこかに移動するということも可能にするものだったということが腑に落ちたわけです。

面と空気と光の出会いが視覚をもたらした

あまりにもあたりまえの発見かもしれません。しかしキメのある面と空気、この二つの発見がそろったときに、新しい視覚論が誕生しました。それは「生態光学」とよばれています。

伝統的な視覚論は、光源から放射し直進する光（放射光）が、眼の水晶体（レンズ）で屈折することで網膜に結ぶ点の集合である像を視覚の根拠だと考えてきました。しかし、微細なキメをもつ面と空気のある環境では、光は、放射光に留まっていることはありません。放射光は面にキメをつくる粒や、空気中の小さな塵や水の分子に衝突してあらゆる方向に散乱しています。この散乱反射は、散乱した光が、また他のところで散乱するというように、際限なく繰り返されます。結果、光はやがて空気中を縦横に行きかうようになり、そこを濃い密度で満たすようになります（図1）。

キメをもつ面と空気のある環境では、光は空気中に濃い網状のネットワークをつくっているのです。

光源からきて散乱を繰り返した光は、空気中のすべてのところで360度全方向から交差して、そこを包囲しています（図2右）。ギブソンはその光を「包囲光（ambient light）」とよびました。包囲光には、その周りの面と面を埋めているキメのレイアウトを反映した構造ができます（図3）。

周囲のレイアウトがつくるこの光の構造は、動物が動くと、それにつれて変化します。いままである面を投影していたところの縁から、その面の後ろに隠れて見えなかった面がじょじょにあらわれてきます（図4）。視覚の情報は包囲

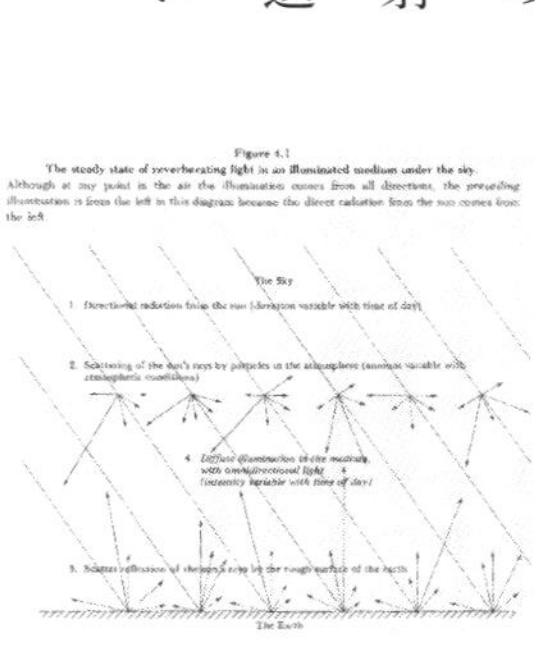

図1 地面と空気で散乱する光（Gibson,1979）より

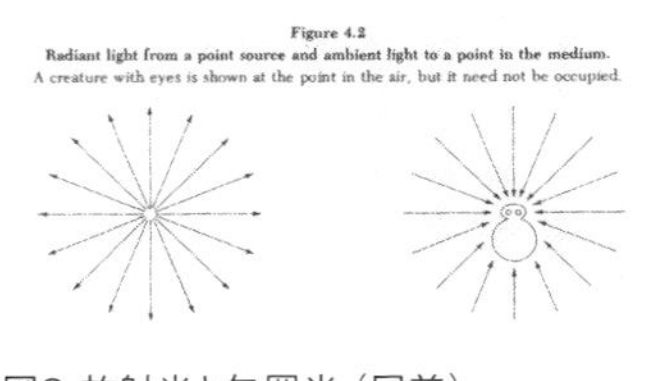

図2 放射光と包囲光（同前）

光の構造とその変化にあるとギブソンは考えました。動物は周囲の視覚を得るために、頭を回し、移動すればよいのです。動きさえすれば、いま見えているところと、これから見えてくるところの両方、つまりいまいる「環境全体の見え」がじょじょにあらわれてくるわけです。面のレイアウトと空気に囲まれた動物には、光の中に見えている周囲を探ることの可能性が与えられているわけです。

環境にある意味

さて、アフォーダンス（affordance）です。英語の他動詞アフォード（afford：与える、備える）からの造語で、「環境が動物に与えている意味」のことです。動物が生き延びるために環境から得ている「糧」のことです。

ギブソンは環境を、物質と媒質（空気と水）、そして、その間にある面の三つだけから考えました。どこにもアフォーダンスがあります。

ヒトは約200種の植物を栽培し、その中の数十種の穀類や草類を主食にし

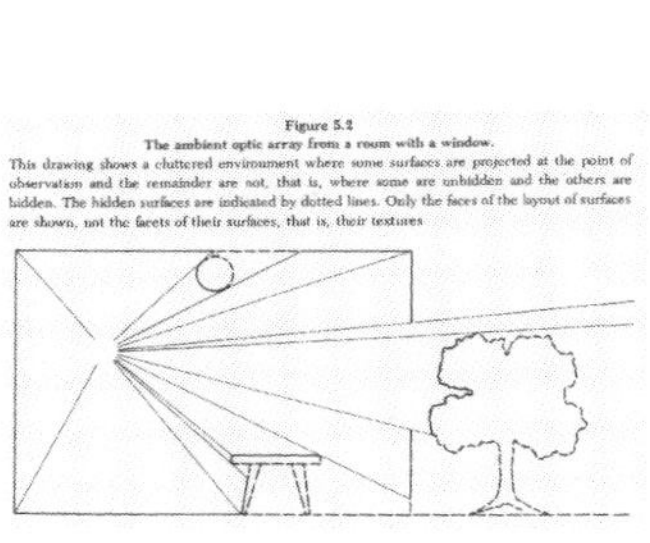

図3 包囲光の構造（同前）

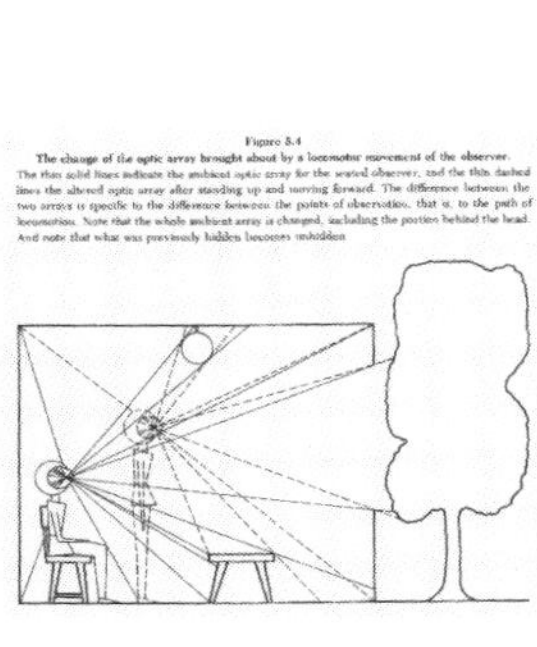

図4 包囲光の構造に起こる変化（同前）

て長く生存してきました。物質の一種の水で渇きを癒し、汚れを洗い流し、あるいは絵具を溶かして面に何かを描いてきました。生活は硬い物質からできた住居と、多様な道具をつくりだして営まれています。これらは、すべて物質のアフォーダンスです。

均質で透明な媒質の空気中には、包囲光だけでなく、物同士の衝突から生じた振動の波や、揮発性の物質が拡散した微小な化学物質の「雲」がたくさんあります。均質な空気の中にできた不均質な部分が、視覚、聴覚、そして嗅覚の情報となり、それがアフォーダンスのあるところを示しています。媒質には無尽蔵に情報が埋まっています。

乳児は面のレイアウトの中で発達する

面のレイアウトにも、尽くせないほどのアフォーダンスがあります。私たちは、いつも面のレイアウトにこだわって、その意味を試してみては、レイアウトを変えています。乳児は部屋で育ちますが、はじめての寝返りは、床とベビー布団のつくる段差を利用して生ずるという報告があります。ハイハイを始めると屋内にある多様な段差を越えて移動しますが、段の形や高さによって越え方を工夫しています（佐々木 2011）。壁際にある棚や窓の桟は、つかまって全身を引っ張り上げるために利用されます。乳児は、床に垂直なこれらの面に近づき、つかめるぎりぎりのところに手を伸ばし、向こう側を見ようとします。つかまり立ちは、あたらしい視覚も可能にします（山﨑 2011）。

歩き始めの乳児は、1日平均で1万4千歩、距離にして4キロ以上歩き、そして100回以上転倒していることを示した報告があります（Adolf,K.E., et al, 2012）。床面は、からだの動き方や動かし方、からだが重力のある地上で起こすあらゆる出来事とそれへの対処の仕方を、身をもって知る場所なのです。

歩き始めの乳児が手ぶらなことはまれです。床面にはたくさんの物が転がっていますが、歩行開始時の乳児の約6割が、玩具などの物を片手に持っていた、という報告があります。歩くことは、物をここから、あそこに移すこと、物を扱うことの始まりなのです（西尾他 2015）。この頃に始まる、物の配置換えへの興味は、おそらく積み木遊びのような複雑な遊びにつながっていくはずです。

食事を始めた乳児は、食物がもつ物質の性質、つまり、その壊れやすさ、粘り気などを、手と口で、さらにスプーンなどの食具で徹底的に探ります。ものの遊びと食事行為の発達は一体に進みます。そして、少し成長すると、机の上の食物のレイアウトを探り始めます。器や皿の位置を少しだけ動かしながら、中に入っている多様な食物を口に入れる順序に工夫を凝らし始めます。このようにして味覚が発達します。

床のキメや摩擦、壁際にある面のレイアウト、床に散らばる物、机上の物のレイアウトなどは、移動や遊びや食のアフォーダンスです。乳児はこれらに囲まれることで、環境の中で生きていく意味を身にしみ込ませていくのです。

保育の場を包囲すること

さて、家の中で培われた探索マインドは、やがて広い場所へと、子どもを導きます。アフォーダンス理論では、周囲の意味は、それを特定する情報によって直接知ることが可能であるとしています。視覚の情報が空気中の光の構造にあったように、物の情報は、それを手で持ったときの「振りにくさ」(質量の分布)にあり、手の経験で、直接知覚できます。

写真3と4は、筆者の両親が30年前に北海道の森で始めた保育施設の全景と冬の遊び場です。あまり手を加えていない自然には多くのアフォーダンスが潜んでいます。雪の降った坂道を登ること、そのときに顔に当たる風、友達の歓声、手を伸ばしてつかまる坂の頂上のエッジ、冬の樹木の肌、そして坂の上に登ってようやく見えた園庭の全景……。一枚の写真に多くの感覚が見えます。

保育の場所には、とくに豊富なアフォーダンスが用意されています。見たこともないような物質があちこちにある。媒質の多様な味わいを示す光が大きな

写真3　トーマスチャイルドハウス
（北海道当麻町）＊筆者撮影

写真4　園舎横にある遊び場の冬景色
＊筆者撮影

窓からさし込んでいる。走り回りたくなる広い床面、安心する空気……。

どの園のどの場所も、そこだけにしかない面のレイアウトで設計されていて、それらは、毎日の子どもたちの遊びによって変えられています。活動の記憶が園の環境には痕跡として残されています。

保育の場所をアフォーダンスで埋め尽くすこと。そのためにどの保育の場でも工夫が尽くされていること。それが、普通であり、そして何よりも大切なことなのだと思います。

参考・引用文献

Adolf,K.E., et al（2012）How Do You Learn to Walk? Thousands of Steps and Dozens of Falls per Day. *Psychological Science*.23. pp.1387-1394.

Gibson,J.J.（1950）*The Perception of the Visual World.* The Riverside Press.
（『視覚ワールドの知覚』　東山他訳　新曜社）

Gibson,J.J.（1979）*The ecological approach to visual perception.* Houghton Mifflin Company.
（『生態学的視覚論』　古崎他訳　サイエンス社）

西尾千尋・青山慶・佐々木正人（2015）「乳児の歩行の発達における部屋の環境資源」『認知科学』22巻1号 pp.151-166　日本認知科学会

佐々木正人（2008）『アフォーダンス入門』講談社学術文庫

佐々木正人（2011）「包囲する段差と行為の発達」『発達心理学研究』第22巻第4号 pp.357-368　日本発達心理学会

佐々木正人（2015）『新版 アフォーダンス』岩波科学ライブラリー

山﨑寛恵（2011）「乳児期におけるつかまり立ちの生態幾何学的記述――姿勢制御と面の配置の知覚に着目して」『質的心理学研究』第10号 pp.7-24　日本質的心理学会／新曜社

子どもの安心基地としての成育環境

仙田 満
Mitsuru Senda

はじめに

子どもの成育環境を保育から物理的な環境、分野、いわゆるビルトエンバイロンメントの領域までに拡大し、統合的、総合的に子どもの成育環境を考え、またそれによって、子どもの将来の人生を切り開く力を育むために、成育環境とはどういうものかという要件について考察します。

成育環境の4要素

子どもの成育環境には4つの側面があることを、筆者は「子どものあそび環境における4要素」という考え方より発展させています。従来、「子どものあそびには3間が必要」とされ、あそび空間、あそび時間、あそび仲間という3つの要素が挙げられました。しかし、筆者が子どものあそび環境の変化の研究において、具体的に子どもに対するヒアリング、観察調査等を展開した頃、1960年代末から1970年代末までのいくつかの研究を通して、あそび方法という要素を加えるべきではなかろうかという考えに至りました。1965年頃を境に、我が国の子どものあそび環境は大きく変化していきますが、そこでは自動車が普及したことによる道あそびの減少や、テレビの普及による家の中でのあそびへの影響がきわめて多く見てとれました。あそび方法があそび環境全体の変化に大きく影響するということです。事実、近年、子どもたちは集団あそびの方法を失いつつあります。昔の集団あそびの方法も伝承されなくなっています。すなわち、あそびの方法という側面はきわめて重要です。空間、時間、コミュニティ、そして方法という4つの側面より、子どものあそび環境全体を総合的に分析し、立体的にとらえられるのではないかと考えました。

それをさらに成育環境全体に展開し始めたのは1990年代であり、2005年に会員として日本学術会議に参加したのを機に、第一部人文・社会科学、第二部生命科学、第三部理学・工学を横断する課題別委員会「子どもを元気にする環境づくり戦略・政策検討委員会」(委員長：筆者)を立ち上げ、ここで、成育環境として空間、時間、コミュニティ、方法という4つの側面からとらえる考えが了解されました。そこで発表された対外報告「我が国の子どもを元気にする環境づくりのための国家的戦略の確立に向けて」に基づき、次年から2017年まで横断的分科会「子どもの成育環境分科会」が承認され、そこにおいても「成育空間」「成育時間」「成育コミュニティ」「成育方法」の課題と改善のための提言が連続して出されました。現在も分科会は存続しており、引き続き社会的変化に対応した課題と提言を検討しています。それらが、今後の我が国における総合的な政策に反映されることが期待されます。

困難を乗り越える人としての成長を促す成育環境

近年の脳科学の進化により、幼児の段階における神経系の発達が8歳頃までに90％進むことがわかっています。それは幼児を取り巻く物理的な環境とも大いに関係があります。筆者らの調査によれば、〝走る〟という能力の発達は園庭の広さにあまり関連がありませんが、〝片足けんけん跳び〟は広く、起伏に富んだ園庭と、そうでない園庭では子どもの能力の発達が大きく異なります。広く、起伏に富んだ園庭であそぶ子どもは250メートル跳ぶことができますが、そうでない園庭であそぶ子どもは25メートルぐらいと、10倍の差が見られました。近年、〝転ぶ〟〝つまずく〟〝転げ落ちる〟という事故が、幼児、小学生に増えていると指摘されますが、バランス感覚や、体を巧みに動かす能力の発達が、幼児の成育環境と大いに関係があることが推察されます。

我が国は自然災害の多い国です。地震、台風、大雨、火山、そして木造住宅が多いため火災も少なくありません。また、グローバル化する社会の中で、社会的災害である経済的災害も大きく、また離婚等の人的災害もあります。我が国は今やヨーロッパなみの30％の離婚率で、子どもにとっては大きな災害となっています。子どもが長い人生の中で、さまざまな困難に出会いながら、それを乗り越える力をもつためには、その成育環境がとても重要であると考えています。

１９６０年代に精神科医ジョン・ボルビー教授が唱えたアタッチメント理論は、きわめて大きな示唆を与えています。ボルビー教授の理論は「子どもが挑戦するためには安心基地が必要だ」ということにまとめられます。教授の後継者たちによって、その安心基地が形成されないときには、成長後に困難を乗り越えられない人格が形成されることが示されています。この安心基地を成育環境という視点でとらえてみましょう。すなわち空間、時間、コミュニティ、方法という側面です。ボルビー教授のアタッチメント理論では安心基地としての母親、保育士の存在を指摘しています。物的環境についても、スヌーピーの友達のライナスがいつもブランケットを持っていることに示唆されます。このブランケットこそ、空間的な安心基地の構成を示していると気づかされます。子どもの不安な気持ちを受け入れ、安らぎを与えられる、子どもの居場所が必要なのです。やわらかく、囲まれ、母胎のようなやさしい空間です。

時間という要素ではどうでしょうか。不安を取り除く祈りのような時間、あるいは不安を泣き叫ぶことによって、そのエネルギーを解放してしまう時間、不安を言葉によって安心に転換してしまう時間（〝痛いの、痛いの、飛んで行け〟という呪文のような言葉による安心への転換）、瞑想という呼吸、体を休める静かな時間をもつことによって、子どもの落ち着き、安心が与えられることは、教育現場でも指摘されています。また、方法というエレメントは熱中すること、ものを見つけることではなかろうかと考えています。砂場での造形あそびにおけるような熱中さ、夢中の体験が困難な状況や不安な状況を乗り越える重要な体験になるのではないでしょうか。筆者自身、子どもの頃、いつも不安を抱えていました。しかし絵を描くこと、模型をつくることには熱中しました。いつも小さな庭で何かをつくって、写生していました。いつも不安でしたが、絵を描いているときと、模型をつくっているときは、不安から解放されていました。

横浜国立大学教育人間科学部教育哲学専攻の高橋勝教授（当時）が書かれた小論文に紹介されたエピソードがあります。教授が附属小学校校長の時に出会った不登校の女の子の話です。その子は美術と音楽の時間だけは登校し、夢中でつくり、演奏したといいます。その後、復学し、生徒リーダーとして卒業していったと述べていました。高橋教授は夢中・熱中の時が彼女の心の成長の跳躍台ではなかったかというようなことを示唆しています。多くのクリエーターやサイエンティストの子ども時代、野山で昆虫採集に夢中になり、熱中し、不思議を追求したことが多く語られています。熱中し、夢中になれることに出会うことが、困難を乗り越えられる人として成長する成育環境ではないでしょうか。

この成育環境を都市、地域というレベルで考えてみましょう。子どもの安心基地としてのコミュニティ環境には、地域の人たちがやさしく、豊かな人間関係がある必要があります。また子どもの安心基地としての空間的な環境は、子どものあそびを豊かに受け入れてくれるあそび場、自然、森、広場、遊具のある都市地域環境である必要があります。生活道路は車より子どものあそびが優先され、歩道もゆったりと子どもが歩ける都市地域環境でなければなりません。

そして時間という要素でいうならば、時間割で生活時間が分断されていない、子どもの成長にあわせ、ゆったりした時間が流れる都市、地域環境である必要があります。

そして方法としては、子どもが熱中、集中できるあそびが、子どもにもたらされる都市、地域環境、すなわち子どもたちの発見や探索、創作の気持ちを刺激する都市、地域環境ではないでしょうか。豊かな自然と歴史に基づく、積み重ねられた文化、子どもの固有の文化が認められる都市、地域環境である必要があります。

そう考えてみると、現代という社会の子どもの成育環境という点においての問題点も見えてきます。地域コミュニティが崩壊し、人間関係が希薄になり、家族さえも縮小化しています。〝子どもの声はうるさい〟〝保育園建設反対〟という地域がなんと多いことでしょうか。子どもにやさしいコミュニティを再形成しなければなりません。現代の成育空間でも、自動車優先の公的空間、タワーマンションの高層居住は子どもの孤立を促進させています。そして子どもを時間で追い立てています。子どもの時間を分断化しています。子どもが熱中してあそびまわれる環境は少なくなっています。子ども文化を尊重しない地域、都市、社会になっています。シルバー民主主義といわれ、投票権をもつ高齢者たちが、自分たちのことだけを主張しています。これを改めるためには、個別の対応では不十分です。子どもの成育環境を第一と考え、子どもは未来だと考え、子どもを大切にすることに、国民全体が合意する必要があります。１５０年前、日本は歴史家渡辺京二さんが『逝きし世の面影』の中で述べているように「子どもの楽園」でした。もう一度私たちは考え直す必要があります。

大人が子ども第一の考えに改めることによって、子どもの安心基地としての子どものための成育環境を再構築できるのではないでしょうか。また、私たちの生活環境を時代の変化とただ受容するだけでなく、子どもの安心基地としての視点から見直す必要があります。

おわりに

筆者は2004年に汐見教授らとともに、学際的で子どもの成育環境に関する分野横断的な学会「こども環境学会」を設立しました。多分野の学術的、実践的、融合的な活動と議論があったことによって、本論仮説をまとめることができたことに感謝します。

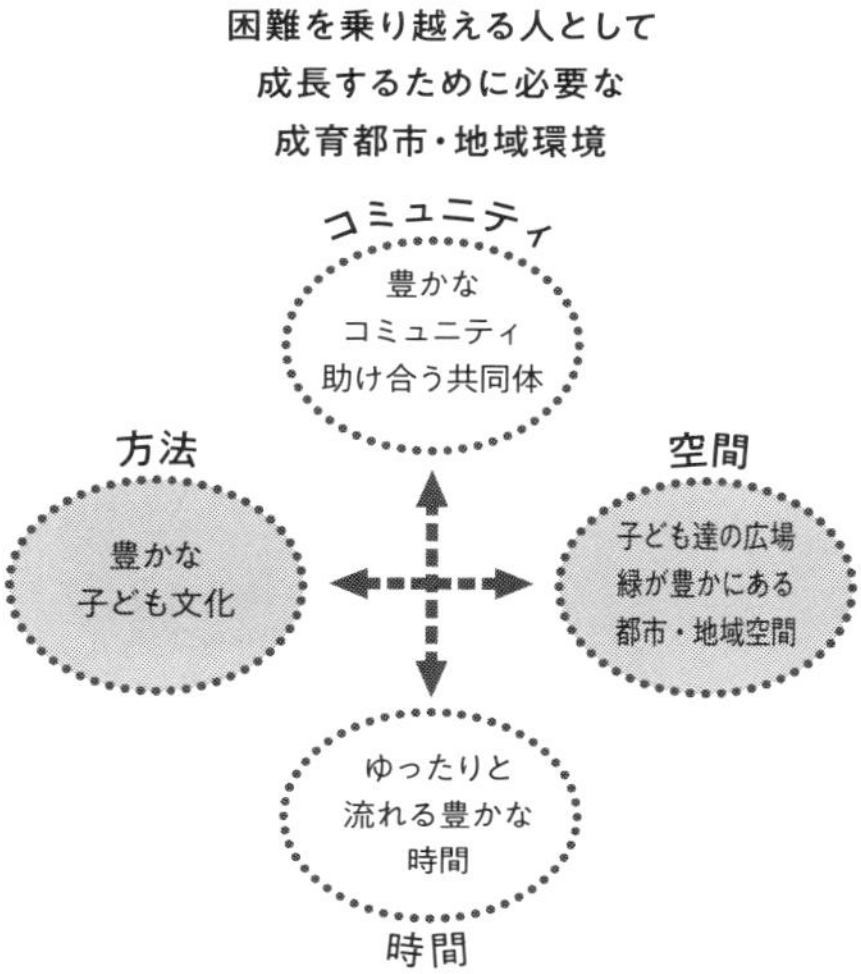

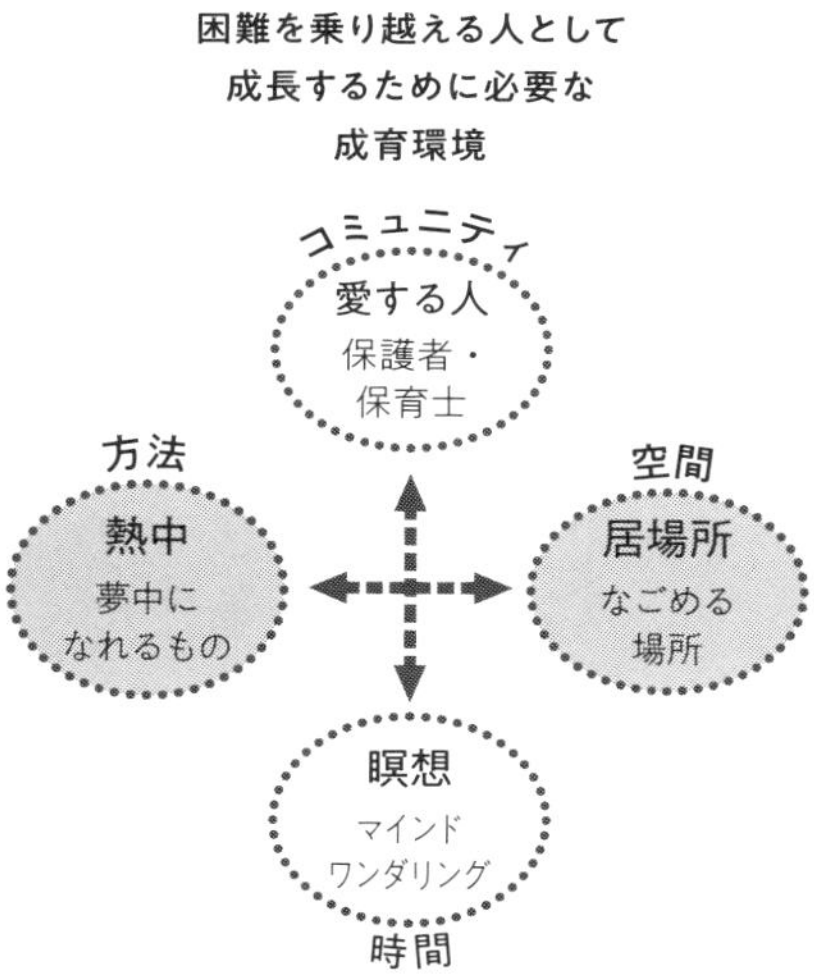

アートと保育

平田智久
Tomohisa Hirata

アートに求めるもの

ここ数年、幼児を取り巻く環境でも「アート」と付く言葉が多く聞こえるようになりました。アート教育、アート体験、キッズアート……、その多くは従来の「○○教室」から目新しさを求めたキャッチフレーズに使われているようです。そうした表面的な見方の反面、もっと子どもらしく人間らしく、生き生きと育って欲しいという願いを込めて、「アート」という言葉に魅かれているようにも感じます。

それは、ＡＩ時代、少子高齢化時代、地球温暖化、経済構造の変化……さまざまが押し寄せている現代の生き様から脱却したい、解放されたいという思いからなのかも知れません。

時代の節目では往々にして今日と同様の動き（社会的な運動）が見られ、日本の戦後の教育（特に図工や美術教育）でも創造美育運動（以下創美と称す）が起こりました。その中でもハーバート・リード（Herbert Read, 1893－1968：イギリス、文学・美術批評家）の『芸術による教育（Education through Art）』の影響を大きく受けています。

明治時代には、「臨画」といって手本を見せて描かせていました。大正になって「赤い鳥」という文学を中心とした子ども向けの運動があり、教育界でも「自由画運動」が起こりました。しかし実態は黒板に「こう描くんだよ」と手本を示していたのですから、自由とは程遠いようです。昭和になってもその指導法は根強く（今でもそうした保育を見かけますから不思議です）、戦前も戦意高揚のための指導の下、ますます指示の強い時代でした（アートといっても図工や美術に特化した話になってしまいますが、絵や作ったものは多くの場合、時が経っても残っているので一目瞭然です)。そうした時代の流れの中だからこそ、戦後になって『芸術による教育』の影響も受けて、軍国主義から民主主義、子ども主体の教育へと方向を変えてきました。大人の世界が〝民主的〟になろうとし始めたところですから、〝子ども主体〟には到底行き着けません。昭和26年の小学校の学習指導要領試案の目標には「図画工作教育は、造形芸術と造形技術の面から、日常生活に必要な衣・食・住・産業についての基礎的な理解と技能とを与え、生活を明るく豊かに営む能力・態度・習慣などを養って、個人として、また社会人として、平和的、文化的な生活を営む資質を養うにある」と示されています。戦後のハーバート・リードの『芸術による教育』にもつながる歴史を感じます。そして最近になって、やっと〝子ども主体〟を真剣に考えるようになりました。

アートを拒むもの

戦後も70年を超えて、やっと〝子ども主体〟を真摯に考えるようになったのです。と言っても、今までの歴史の示すように一気に変わらず、徐々に緩やかに変化しています。

どの時代でも大人達はすでに育ちの中でしみ込んだ概念の基で生きていますから、簡単に生き方までを変えること、教育内容や方法まで変えるのは困難です。その大人の下で育つ子どもですから、大人の価値観を享受して育ちます。その意味でも、今回の教育改革は未来を見据えた壮大な改革と言えます。まして「アート」という概念は共有されているとは言えません。ともすると大人の文化を「アート」と呼び、大人の芸術作品に触れさせることに懸命になる人もいれば、子どもの未分化な行為を「アート」に含める人もいます。そうした現実の中で「アート」をどう捉えるかが重大なポイントです。

「アート」を調べると、『広辞苑』も『国語大辞典』もともに「①芸術。美術。技術。」としか出ていない。さらに「芸術」を調べると、「①略②（art）一定の材料・技巧・様式などによる美の創作・表現。造形芸術（彫刻・絵画・建築など）・表情芸術（舞踊・演劇など）・音響芸術（音楽）・言語芸術（詩・小説・戯曲など）、また時間芸術と空間芸術などに分けることもある。」と書かれています（『広辞苑』第四版）。

辞書では解決できませんが、平成30（２０１８）年に施行された幼稚園教育要領、保育所保育指針、認定こども園教育・保育要領には、以前から〝表現〟として示されています。また〝遊びを通した総合的な指導〟の一環としての〝表現〟ですから、個々の子どもによって表現方法も様子も大きく異なります。その関連として小学校の図工（図画工作科）の学習指導要領でも、昭和52年から低学年に「造形的な遊び」が導入され、平成元年には「造形遊び」に、さらに平成10年からは6年生までの全学年で行われるようになり、平成20年からは「造形遊び」と明記されました。自分らしさや創造的な思考力を育てるなど、総合的で多様な成果を求めた目標となっていますから、乳幼児期とも連動していることが見えてきます。

新保育指針から見えてきたこと

「身体の諸感覚による認識が豊かになり、表情や手足、体の動き等で表現する。」という文言が、新しい「保育所保育指針」「幼保連携型認定こども園教育・保育要領」に共通して示されています。（保育所保育指針は、第2章保育の内容1乳児保育に関わるねらい及び内容（2）ねらい及び内容ウ身近なものと関わり感性が育つ（ア）ねらい③に。認定こども園教育・保育要領では、第2章ねらい及び内容並びに配慮事項第1乳児期の園児の保育に関するねらい及び内容「ねらい及び内容」内の〝身近なものと関わり感性が育つ〟1ねらい(3)に。どちらも乳児＝0歳児）

この「表現」という言葉に敏感に反応してしまう筆者は「…表情や手足、体の動き等で…」というところに大いに感動しました。つまり「アート」を辞書で調べた経過を総合して考察すると、言葉以外の表現（――線部分）が含まれていることと合致します。言葉による（Verbal）表現だけでなく、言葉以外の

(Nonverbal)表現も示されたことになります。しかし、それは乳児期独特の行為ではないはずです。大人でも他人の顔色をうかがったり、罵声を浴びて萎縮したりしますから。それなのに、新保育指針の「1歳以上3歳未満児の保育に関わるねらい及び内容」や認定こども園教育・保育要領の「満1歳以上満3歳未満の園児の保育に関するねらい及び内容」、そして3歳以上の年齢にも、そのことは示されていません。教育要領も。残念です。

新しい価値観を創り出す

「表現」という熟語は〝表〟と〝現〟が連なっています。重なっているともいえます。〝表〟は〝あらわす〟の意味で、表現以外の熟語も表示・表情・表札など、意思を示すものが多い。〝現〟は〝あらわれる〟の意味を持ち、熟語も現代・出現・現象など、今を示していることや見えない内側が分かること。その両方の意味が一緒になっていますから、子どもが見せてくれた絵に「なに描いたの?」と聞くのはおかしい質問です。「表現」を半分しか受け止めていないのですから。

そこで〝現〟の「どんな気持ちで描いたのかな?」と、心の内側を察知してみることが必要になります。しかし経済活動が活発になるとともに学力・評価重視の風潮に押されて、この「感じ取ること」は前出の創美の運動以降徐々に重視されなくなり、今日に至っています。

そうした折にもさまざまな世界で多くの発展や進歩がありました。脳科学もその一つで、今までの知識から、一層細部にわたって仕組みや構造が明らかになってきています。網の目のような……と言われたシナプスも連結していないで電気的に繋がっており、その電気的繋がりにドーパミンやセロトニン、アドレナリンといった脳内物質の分泌量によって感情がコントロールされていることや、感覚器官から脳にどのような経路で伝達されるか、その後行動に至る経路なども明らかになってきました。そうした脳の話の中でも気になったのは「生まれ持った感覚器官からの情報は脳幹に伝わり、脳幹と前頭葉との電気的やり取り後に行動に移る（多書より筆者要約）」ことです。つまり〝感じること〟が第

―ということになります。

この〝感じること〟が現代人には弱っているのかもしれません。弱っているなら強くしませんか。そうすれば「なに描いたの？」と聞かずに「元気に描いたね」と間髪おかずに共感でき、信頼関係も深まります。

「アート」も「表現」も「感じること」。保育は「子どもが主体」。戦前まで、いや今の今まで「子ども主体」と言いながら〝保育者主体〟だったのです。

２０１８年に施行された、乳児から大学までの保育・教育における改訂のキーワードは「主体的で対話的で深い学び」です。今こそ保育・教育の価値観を創り出す時です。

第４章　子どもと持続可能な社会

「センス・オブ・ワンダー」との出会い

上遠恵子
Keiko Kamito

レイチェル・カーソンの『センス・オブ・ワンダー』の日本語版が出版されてから30年近く経ちましたが、いまだに多くの方に愛され読まれています。私はいま、この本の訳者であることの幸せを、読者の方々の感想や激励に支えられて来たことへの感謝とともにしみじみと感じています。

きっかけ

1970年秋、アメリカでフランク・グレアム・ジュニアによる『Since Silent

Spring』（邦訳名『サイレント・スプリングの行くえ』同文書院）という本が出版されました。この本は、１９６２年に出版されたレイチェル・カーソンの『Silent Spring』（邦訳名『沈黙の春』新潮社）の歴史的な位置づけと、それによってくりひろげられた農薬論争について書かれています。

　私は翻訳をされた田村三郎東大教授のお手伝いをするなかで、カーソンの生い立ちや仕事、著作について知ることができました。そして、文学と科学が見事に合流した『潮風の下で』『われらをめぐる海』『海辺』などのベストセラーを書いた、海洋生物学者で作家のレイチェル・カーソンのことをもっとよく知りたいと思い、著者のフランク・グレアム・ジュニアに手紙を書きました。その手紙は、めぐりめぐってカーソンのエージェントだったマリー・ローデル女史に届き、「レイチェルは個人的な私生活を公表することを好まなかったのであまり資料はありませんが、いま、『沈黙の春』の編集者だったポール・ブルックスが、レイチェル・カーソンの仕事を中心とした伝記を書いているから、出版されたらそれを読むのがいいでしょう」との返事が届いたのでした。

そして1972年、『The House of Life ― Rachel Carson at Work』が出版され、1974年6月、新潮社から『生命の棲家』という題名で拙訳が出版されたのでした。

『生命の棲家』の翻訳に取り組んで

『The House of Life ― Rachel Carson at Work』を手にして、自分の英語力を考えずに、どうしても自分が翻訳したいと思いました。レイチェル・カーソンをもっと知りたいという思いとともに、彼女の信念を多くの人に知って貰いたかったからです。

この本に収められている作品の抄録は、海洋生物学者としての冷静なまなざしと、自然界の生きものへの愛情と生命への畏敬の念に溢れていました。『空 ― 子どもの世界と夢』と題する14章には、海を語るベストセラー作家として多忙な日々を送っていたレイチェル・カーソンの、つかの間の息抜きの時期

に書かれたいくつかの短編の一部が収められていました。そのなかの一つ、ウーマンズ・ホーム・コンパニオンという女性雑誌のために書いた『Help Your Child to Wonder』（あなたの子どもに不思議さへの目をみはらせよう）が、彼女の没後に出版された『センス・オブ・ワンダー』だったのです。

収録されているところは、訳本の23ページから27ページまででしたが、私はすっかり感動してしまいました。なかでも次の箇所は共感以外のなにものでもありませんでした。

> わたしは、子どもにとっても、どのようにして子どもを教育すべきか頭を悩ませている親にとっても、「知る」ことは「感じる」ことの半分も重要ではないと固く信じています。
>
> 子どもたちがであう事実のひとつひとつが、やがて知識や知恵を生み出す種子だとしたら、さまざまな情緒や豊かな感受性は、この種子をはぐくむ肥沃な土壌です。幼い子ども時代は、この土壌を耕すときです。

レイチェル・カーソンは、若くして亡くなった姪の遺児ロジャー（5歳）をひきとり、養子として育てていました。そして毎年、夏の数ヶ月をメイン州の海辺の森にある別荘で共に過ごしています。『センス・オブ・ワンダー』は、ロジャーと森を探検して歩いた日々が基調になっています。

彼女は、女性雑誌のために書いた文章に手を入れて一冊の本にしたいと願っていました。しかし、『沈黙の春』の執筆と、母親の死、自身のガン発病などのために果たせませんでした。友人への手紙に「Wonder Bookに取りかかる時間がありません」と嘆いています。そして、１９６４年４月14日に亡くなりますが、友人たちは彼女の思いを果たすべく、美しい自然の写真の入った単行本『The Sense of Wonder』を１９６５年に出版したのでした。

難しかった『センス・オブ・ワンダー』の翻訳

１９９０年、最初に日本語訳の出版を手がけた佑学社の編集者、千葉茂樹氏

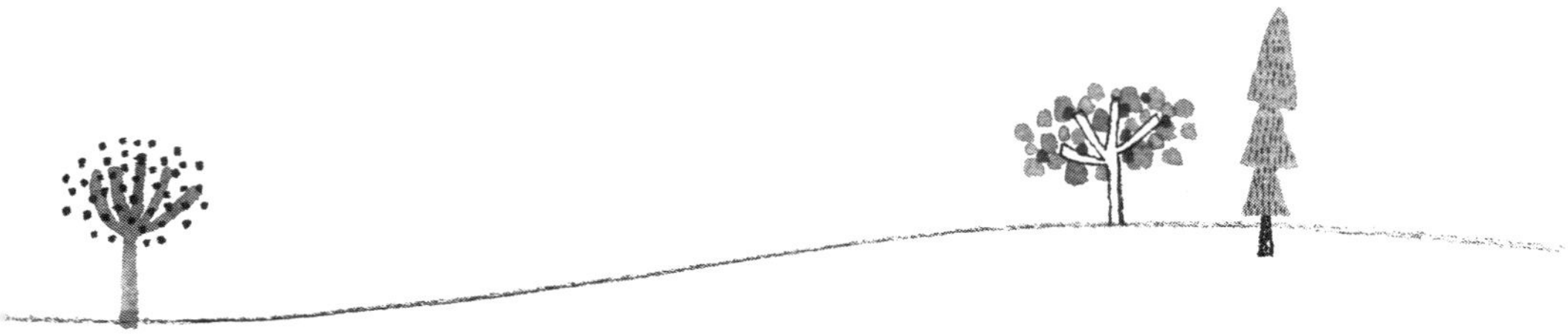

から翻訳の依頼がありました。まさか、自分が『センス・オブ・ワンダー』を訳すことになるなんてと信じられませんでした。英文科専攻でもない自分にできるだろうか？　原文を読んでいると、森や海辺の情景が目に浮かびます。そこで遊んでいるロジャーとカーソンの姿も想像できます。しかし、詩情豊かで流麗と言われているカーソンの文章を、日本語でどう表現すれば良いのか？　迷いを吹っ切ったのは、この本をたくさんの人に読んで貰いたいという思いと、編集の千葉氏の励ましでした。きれいな日本語で、読みやすい文章にしようと思い七転八倒、一つのセンテンスに一日かかるほどでした。私はいまでも、翻訳は自国語での表現力が勝負だと思っています。

題名の『The Sense of Wonder』をどう訳すか、これが難問です。本の題名ですから簡潔でアピールする魅力的な言葉でありたいのに、日本語ではしっくりくる言葉がなかなか見つかりません。十数年前、『生命の棲家』を訳したとき、私は内容をよく考えず「驚異の感覚」と訳してしまいました。それでは、まるでスプーン曲げの超能力みたいです。その轍は踏みたくありません。

そして最終的に『センス・オブ・ワンダー』にしようということになったのでした。出版されると、自然体験教育の現場から熱い賛同の声が聞こえて来ました。阿部治氏、岡島成行氏、川島直氏など、環境教育のレジェンドの方たちが本郷の学士会館で出版記念会をひらいてくださったことを懐かしく思い出します。

生涯消えない「センス・オブ・ワンダー」

幼い頃に自然界の不思議に心を奪われた経験は、生涯を通して決して忘れることは無いと体験的に確信しています。私が子どもの頃のこと、夏の夜の東京です。遠くでフクロウが鳴いていました。母が「ホロスケ呼んでみよう」と言って、指笛でフクロウの鳴き声を真似しました。子どもたちは電気を消して暗い廊下で息をころしています。すると、だんだんホロスケは近くに飛んで来て庭の木にバサッと止まったのです。多分、小型のアオバヅクだと思いますが、子どもたちは、絵本にあるような大型で目のギョロギョロしているミミヅクが

来たと思ってドキドキしていました。あの時のドキドキ感を私は、80年経った今でもはっきりと思い出します。誰でもきっと子ども時代の忘れられない自然体験があると思います。

ここで少し私の昔ばなしを語らせてください。それは、現代の子どもたちやこれから生まれて来る子どもたちに平和な社会のなかで豊かな感性をもった広い知識を育んでほしいという思いが、最近特に強くなって来たからです。

1929年生まれの私が過ごした時代は、1932年の第一次上海事変にはじまり1945年8月の敗戦まで、もの心ついた頃から十代の半ば過ぎまでずっと戦争の時代でした。特に1941年12月8日から始まった米・英との太平洋戦争は、私たちから勉強をする自由を奪いました。私と同世代の人は、学問の基礎を叩き込まれる時期に、特に英語は敵国語であるという理由で授業時間を減らされ、さらに現在の中学2年で全ての授業は打ち切られました。そして、工場に配属されたり教室も作業場になったりして、油にまみれて兵器をつくる毎

日でした。やがて、私の学校の校舎は１９４５年５月の空襲で焼け落ち、有栖川公園にあった東京都の建物に間借りしたものの、学業とは無縁の日々でした。そこも、敗戦後に進駐して来たアメリカ軍に接収されて、再びよその学校の一部を間借りしての学校生活でした。戦後の混乱のなかで教育制度も変わり、男女共学になり、小学校６年・中学校３年・高等学校３年・大学４年という制度になりました。私たちは、その変換期に直面して、空腹を抱え、おんぼろ服を着て必死でした。たくさんの友人が進学を諦めざるを得ませんでした。

いま、選択肢が何一つ無かった私たちの十代を思い、このような経験を子どもたちに絶対にさせてはならないと思っています。そして、「センス・オブ・ワンダー」という感性は自然に対してだけでなく、社会のあらゆる出来事、差別、貧困、戦争、そして何よりも平和についてアンテナをはりめぐらせ考える強靭な感性であってほしいと、心から願っています。

人間・汐見稔幸そして真のエリート

吉岡 淳
Atsushi Yoshioka

僕と汐見さんとの出会いは、彼が東京大学から白梅学園大学に転職し、国分寺に居を移してからで、比較的最近のことだった。

おそらく最初の出会いは、僕が国分寺南口に営んでいるカフェスローにお客として来られたときではないかと思う。はからずも同い年、一か月程度僕のほうが年上である。その上、片や大阪、僕は京都、同じ関西人同士ということも手伝って、急速に長年来の知り合いのような付き合いが始まった。同じ国分寺に住む者同士という気軽さもあり、自然に親交を深めることになった。

汐見さんと僕は専門分野は異なるが、興味の対象や地域でのかかわりなど共通の関心事が多く、会うたびに何かやろうと意気投合した。幸いカフェスローは、何かを企画するには好都合の場所で、年間3、4回程度セミナーを企画・開催しては、汐見さんにそのホスト役を務めていただいた。また、汐見さんが主宰する雑誌『エデュカーレ』の編集長インタビューで、カフェスローを会場に使っていただくなど、今も何かと会合場所としても利用いただいている。

それ以外でも、汐見邸でヨガ教室に参加させていただいたり、僕が企画する海外ツアーにご夫妻で参加いただいたり、振り返ればこの10年余りで、ずいぶん時間を共有させていただいた。ことに最近は、汐見さんの別荘のある八ヶ岳で始まった「ぐうたら村」の活動でも、片や村長、僕は応援団の一員としていつの間にか思いを共有している。沖縄に住む娘さん夫妻が経営するスイーツ店の外装のお手伝いもさせていただいた。なんだか家族のような付き合いにもなっている。

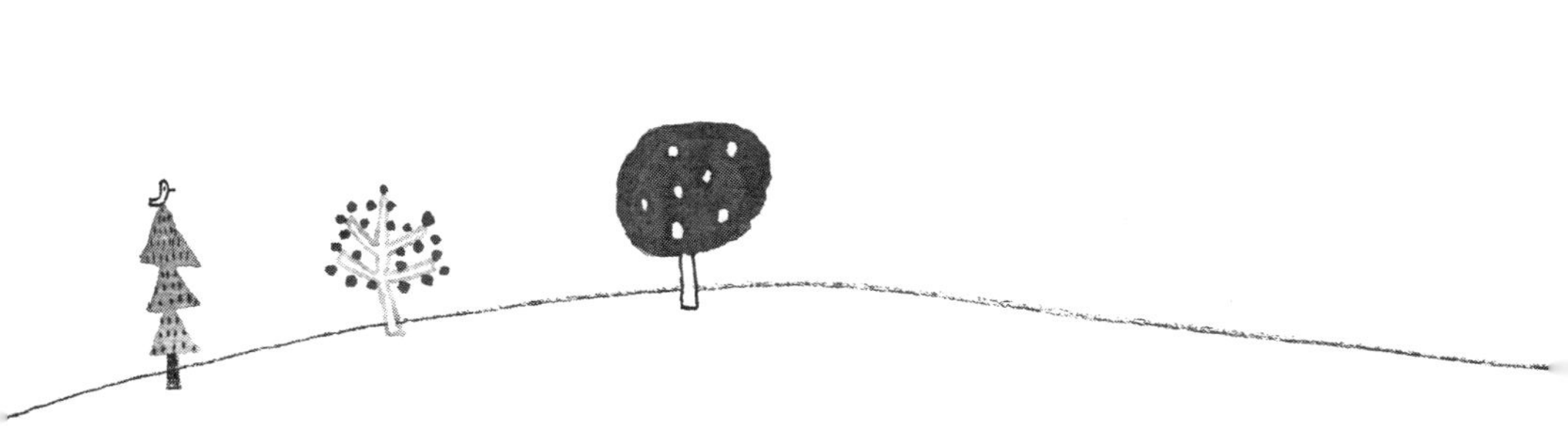

僕の人生の中で、これほど深く多岐にわたって様々なかかわりを共有している人はそう多くはない。なぜそうなったのかあれこれ考えてみたが、自然のなりゆきとしか思えない。それはともかく、僕が汐見さんを尊敬するのは、彼の人間性そのものである。わけあって8年かけて東大を卒業し、教育学の第一人者として活躍してこられた実績は、素晴らしいの一言に尽きる。それ以上に僕が感心するのは、汐見さんこそ本物のエリートだと思えるからである。

30年間のユネスコの仕事を通して、数多くの「エリート」と呼ばれる人々と接してきた中で、社会的地位や学業の立派さを誇っている人は多々見受けられた。しかしそれに加えて、人間的な魅力を兼ね備えた「エリート」にはあまりお目にかかったことがない。汐見さんは、その意味で僕が知りうる数少ないエリートの一人である。

「エリート」とは、単に素晴らしい知識と見識を有し、それを世の中の人々のために提供するだけではなく、常に弱い立場の人々の気持ちを理解し、その上

で、国や行政なり、組織の責任を負いながら仕事をしていける人物をいう。

現代日本に、イギリスなどでいう真のエリートがどれほどいるのか、はなはだ疑問である。高い学力を有し、特権的な立場にいる人々は数多くいるが、真のエリートといえる人物は、果たしてどれだけいるのか？　エリートの地位と立場を利用して私腹を肥したり、権力を乱用したりする輩が世の中にはどれほど多いことか、そんな人物たちをこれまで多く見てきた。

汐見さんは、日本の教育界の中で権力をふるう立場になろうとすればなれたに違いない。でも彼はそんな道を選ばなかった。地位や権力よりも個々の人間の個性を重んじ、常に弱い立場の人々に寄り添い、物事を考え行動する知識人としてふるまってきた、真のエリートである。これからあらゆる分野で日本をリードしていこうとする指導的立場にある人々こそ、汐見さんの生きざまを学んでほしいと願う（ダジャレまではまねなくてもいいですが）。

さらに僕が感心するのは、汐見さんの労を惜しまない気遣いと行動力、それ

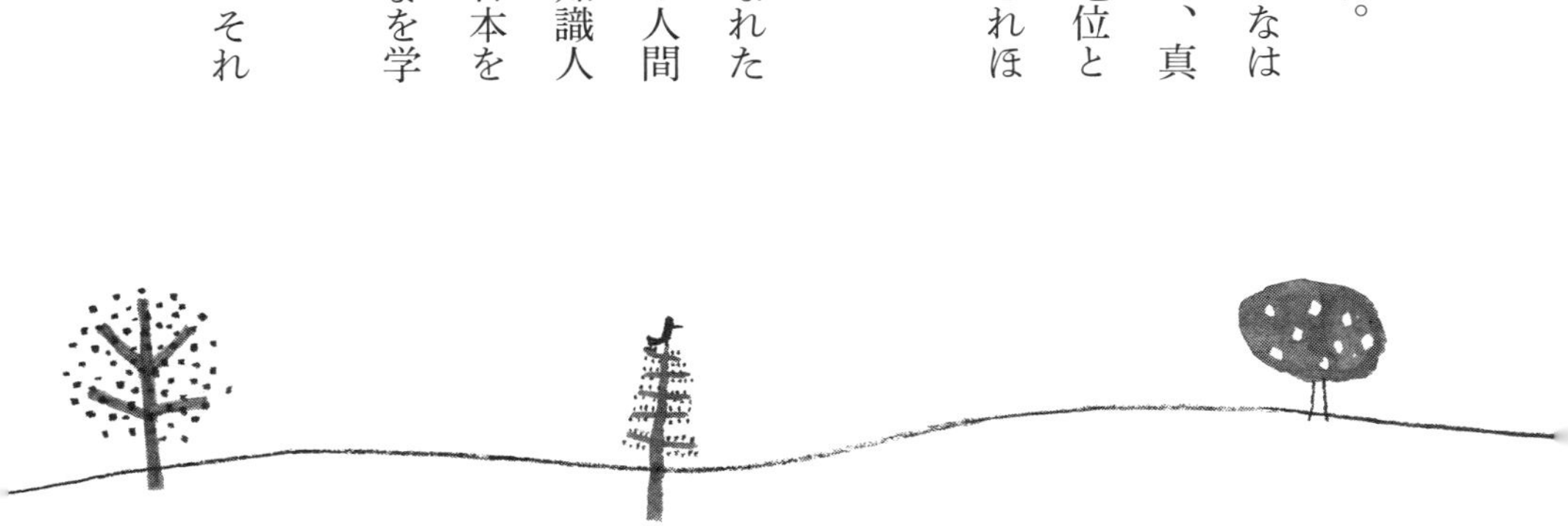

に誰に対しても謙虚な態度である。「自分はえらい人間だから」なんて態度はみじんもない。

その昔、ユネスコの仕事に従事していたときに、画家の平山郁夫さんと一緒に仕事をする機会が多々あった。日本画家の重鎮であり、東京芸大の学長を長きに亘って務めた平山さんは、さぞかし近寄りがたく、難しい存在なのだろうと考えていたが、いつ会ってもその物腰の低さには驚かされた。先生曰く「私は、天皇陛下に対するときも、家の家政婦さんに対するときも、態度は変わらず同じです」とおっしゃっていた。僕のような人間にも、常に丁寧に対応していただき、こちらが恐縮することもしばしばだった。汐見さんにも共通するものを感じている。彼の人間的な魅力は、対人関係において常に平等の立場を保ち気持ちがいいところだ。まさにそこが尊敬に値するゆえんであり、多くの人々が汐見さんを慕う理由でもある。

あえて、僕と汐見さんの共通項を探せば、未知の世界への好奇心の旺盛さと

楽しいことへの飽くなき探求心、それに共に団塊の世代で、可能性を信じてどこまでも突き進む、疲れを知らない行動力かもしれない。これからも、国分寺ローカルの中で、何かをやっていきたい気持ちをお互い持ちながら、忙しい中でも何かをやる気を十分に持ち合わせていると勝手に思っている（最近は寄る年波に勝てず、息切れすることもしばしばではあるが）。

僕は、長所も欠点（?）も含めて人間・汐見稔幸が大好きである。こんなに面白くて飽きを知らない人は、これまた学生時代からの友人で建築家の藤森照信に勝るとも劣らない。年もほぼ同じである。

そして、ぐうたら村の研修棟の設計をどうするかで悩んでいたとき、汐見夫人の思い付きに乗せられて、藤森さんにお願いしたら、なんと二つ返事で引き受けてくれた。どんな建物ができるのか、わくわくする面白い展開になってきた。はからずもわれら三人は、同じ国分寺市の住人である。この物語の続きは乞うご期待ですね。

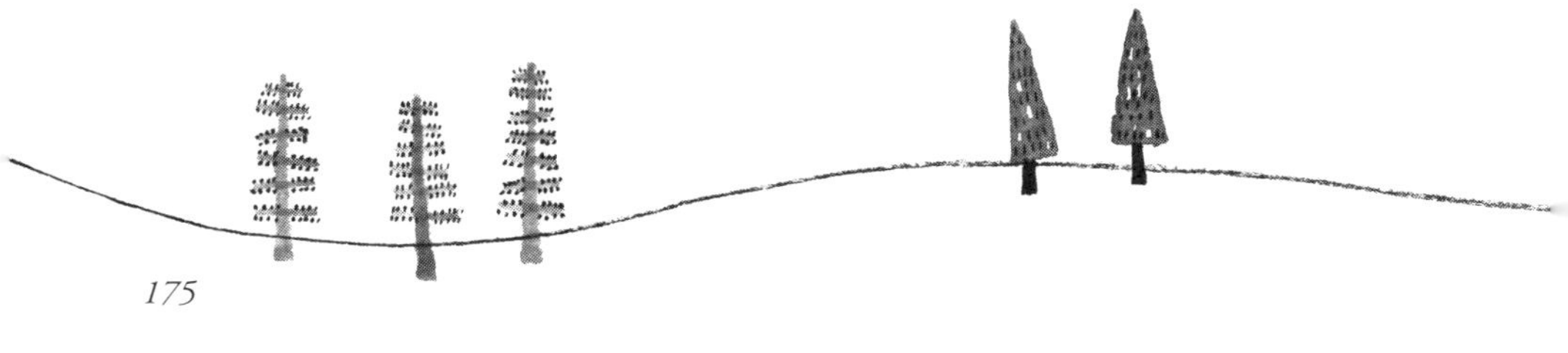

「ぐうたら村」論

小西貴士
Takashi Konishi

インタープリターという職に出会い、インタープリテーションという概念に惹かれ、気がつけば八ヶ岳の森を案内するようになって20年。専門職として、人と対象を結ぶことに夢中になるうちに、対象を生態学的に理解することが癖となった。その癖は悪癖か、いつからか、対象だけでなくヒトをも生態学的に理解したいと読んだり考えたりすることが多くなった。系統立てて学んだことなどないくせに、「人類生態学」という分野に憧れ、読みかじり、思考は混迷を増すばかり。そんな中途半端がひとり、たまたま幼児教育や保育の端に関わることとなり、ヒトの乳幼児期もまた生態学的に考えたいという悪癖は治まらず、

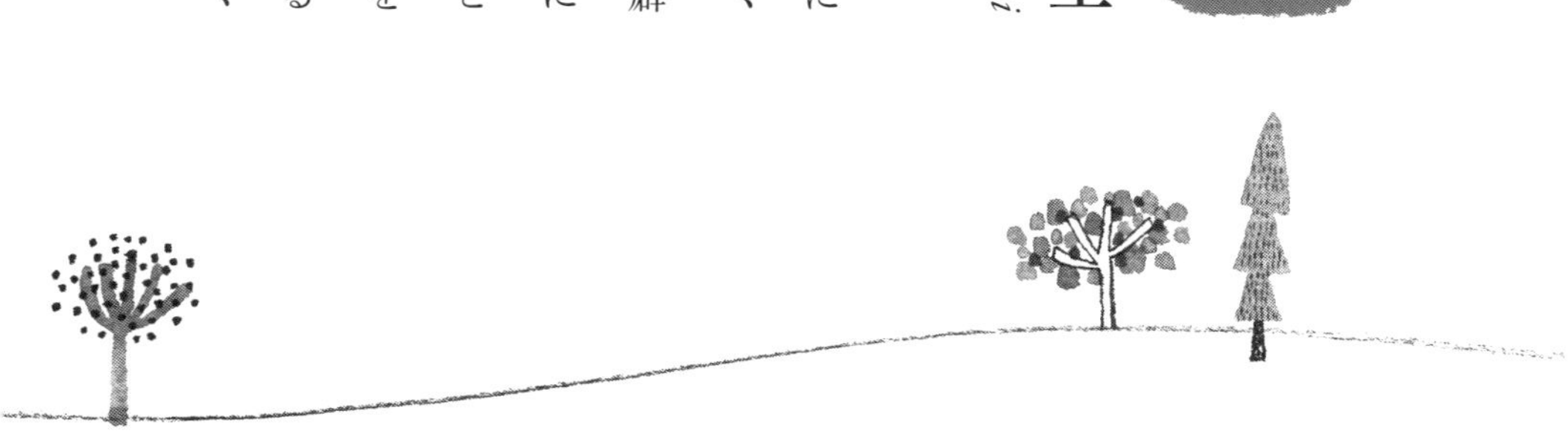

中途半端に磨きがかかっているといった具合。そんな身なれど、考えるのです。もし、私たちが、全く人類を俯瞰し、観察し、分析・思考することができるなら、人類の子育てや教育をどう整理するだろうか、と。

J・ダイアモンドは、『昨日までの世界』の中で、子育てに関する研究の偏りについて言及し、「子育て慣習の比較研究がもたらしたものは何だろうか。それは、ジャン・ピアジェ、エリク・H・エリクソン、ジークムント・フロイトのほか、小児科医、児童心理学者などといった専門家による一般性の探求である。これらの専門家は、WEIRDと呼ばれる様態の社会の、つまり、西洋的で（**Western**）、教育が普及していて（**Educated**）、産業化されていて（**Industrial**）、富める（**Rich**）、民主的な（**Democratic**）様態の社会の研究成果に重きをおく形で、人間の子どもの一般性を探求している」と切り込んでいます。これだけグローバル化が進む人類社会の中で、小規模で伝統的な社会での子どもの育ちから、人類の乳幼児期の育ちを比較検討することに、社会的な価値は見出しづらいのが私たちの日常です。人類の歴史の中で慣習的であった、

乱雑で開放的な性交渉、乳児死亡率の高さ、嬰《えい》児殺し、頻繁で長期的な授乳……。いったい誰が、この忙しない毎日の中で、そんな人類生態学的な、人類史的な視点も含めて子どもの育ちや育てを考えますか？　この変化の激しいＷＥＩＲＤな様態の社会では、ＯＥＣＤ教育白書や、Ｊ・ヘックマンの研究から、極めて未来志向の子どもの育てと育ちを検討するのが自然でしょう。しかし、一方でこれがチンパンジーの話だとすれば、きっと生態学的な視点で、その発生から文化までを広く見渡す中で、子どもの育ちや育てについて検討することが自然でしょう。現代を生きる私たちが、人類としての「子ども」の育ちや育てを考えるベースが、実は極めてＷＥＩＲＤな様態の社会という狭いスペースに限られている。そのことは、良い悪いを超えて、インタープリターとして、現代の保育や幼児教育を眺めた時に要点として指摘したいところです。

あなたが人類以外の高度な知的生命体だとして、インタープリターとなって、保育園で人類のことをツアー客に解説していただきたい。「人類とは共感能力に

優れた生物です。あ、ほら！あの3歳児の個体は、転んで擦りむいた2歳児の個体をケアしているでしょう。その隣に居る成熟個体はその様子を見ているだけですね。ちなみにあの成熟個体は親ではありません。血縁もありません。この共感能力はね……」というわけで、ザックから取り出したる自作の教材や映像で、あなたは人類の子どもの育ちと育てを、短時間でどう解説してゆきますか？　要点はどこにありますか？　おそらく、人類史は避けては通れません。

６００万年に及ぶ人類の歴史では、狩猟採集社会から農耕社会へと移行したのが約１万１０００年前。その場に居たものしか共有できない知識や感情がありました。この身体が発する音韻や身ぶりによって他の個体へと伝えました。国家の成立や文字の使用は約５４００年前。その場に居なかった個体へ、知識や感情を留めて伝えられるようになりました。印刷技術の発明は約６００年前。全く同じ内容が複製され広まることで、知識や感情は情報として価値を新たにしました。インターネットの発明は29年前。You Tubeに初めて動画が公開されたのが13年前。現代に生きる私たち人類は、私が今日その時その場に居なかっ

たとしても、そこに居たのと同等の情報を、小さな端末で得ることができます。繰り返し再生することが可能です。しかも、その情報は5歳児でも可能な単純な操作ひとつで得ることがかないます。その情報を複数（例えば家族）で共有し、感情の共有をすることも可能です。それは、サバンナの遊牧民であっても、山岳地帯の農耕民であっても可能です。

人類は、このような時間と事実の流れの中で、常に子育てをしてきたし、子は育ってきました。良い悪いという価値観ではなく、その変化の中で人類は常に生きようとして、世代を交代してきたという変えようのない事実です。非常にスキンシップ高く子どもに接し、抱き、頻繁に授乳し、そして多くの子どもを失ってきました。現在ではわずかにしか残らない小規模で伝統的な社会では、今でもそのような事例が見られます。一方で、NICU（新生児集中治療室）で機器に接続し栄養源や化学物質を摂取することにより、生命が維持され、多くの子どもが生きられるようになりました。時の流れのある一点と、ある一点を比較すると人類の生態に大きな差異が顕れますが、時の流れは常にスムースで、

生態はそこに大きなヒントを得ることができます。ですから、保育園で人類のことをインタープリテーションしようとすれば、生態学的な視点はどうしても必要でしょうし、そうなれば人類史からは大きなヒントを得たいところです。また、緩やかな時の流れの中で、未だ世界の各地に残る前時代的な社会の観察からも、非常に大きなヒントを得られそうです。

私が、20年来、インタープリテーションを行ってきたメインフィールドの森の隅には、小さな保育園があるものですから、森を生態学的な視点で見てきた流れで保育園へと立ち寄り、人類生態学的な視点で保育や子どもを解説する悪癖が私のツアーではままあります。それがそのツアーに参加されたお客様にとって何かの益になればそれは結構です。しかし、人類史から保育を見渡そうなんて、保育現場で日々懸命にやっている人をなんだか煙に巻くような罪悪感がずっと私につきまとっていました。ＷＥＩＲＤな現在の社会をよりよく生きようとする保育者や教育者にとって、ＷＥＩＲＤな社会を切り開く最先端の視点

と、この生態学的な視点とを、どの点で融合させてみませんかと誘うのか？これはこの10年来、私の大きな課題のひとつでした。もちろん今も。その不確定な融合の一点を求めて、保育の古典を旅したり、霊長類学や文化人類学からのアプローチを読み漁ったり、統計学のアプローチに惹かれたりもしました。しかし、どれもその点を求める解には至らず、そんなある日、特段期待もせず受けたある講義の中に、その点がぼんやり浮かんだような希望の言葉がありました。「人類がこれまで辿って来た道のりを知り、その要点を見出し、幼少期の教育に織り込んでゆくこと。それは、情報革命・ＡＩ革命が進む時代を幸福に生きるために必要不可欠だ」という言葉でした。

人類生態学からは多少外れるかもしれませんが、Ｙ・Ｎ・ハラリの『サピエンス全史』、『ホモ・デウス』が世界的なベストセラーになったり、「シンギュラリティ」の到来を唱えるレイ・カーツワイルが取り沙汰されたりと、巷では情報革命やＡＩ革命について、俯瞰的な視点で語る知性を大衆が求めている様子が見受けられます。仮に、この前述二人の主張するような時代、人類はテクノロジー

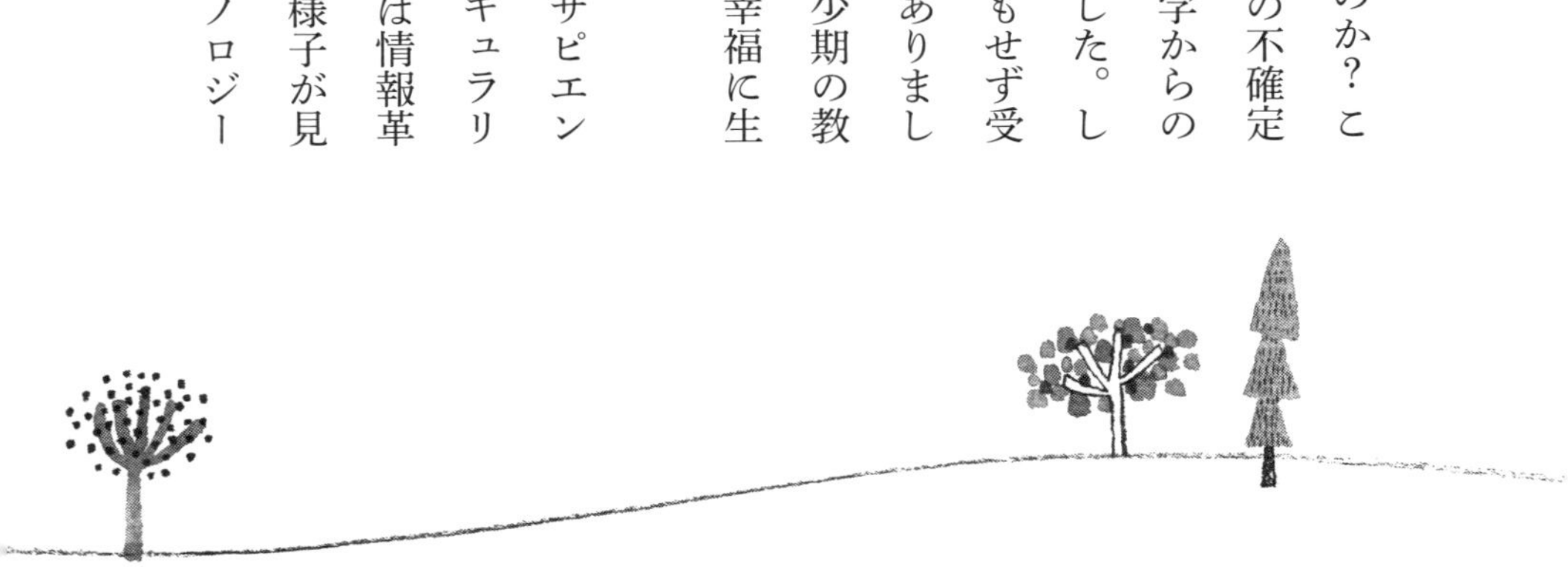

によってより神性に近づき、人類によって開発された知能が自ら更なる知能を生み出す時代が数十年後にやって来るとして、それはＷＥＩＲＤな様態の社会の次のステージの社会です。例えばそれは、地球的で（Global）、機械化されていて（Mechanized）、管理された（Managed）、より充実した（Fulfilling）、ポスト民主主義的な（Post-Democratic）様態の社会（ＧＭＭＦＰでは語呂が悪いか……）。そのような様態の社会において、前時代的な場所や慣習はどれほど残るでしょうか？　やがては、全てがスムースに変わりゆくものだとしても、私は変化の速度が速ければ速いほど、取り残されるようなかたちで、随分と多くがしばらくの間は残るのではないかと想像します。取り残されるものは場所よりも慣習、例えば私たち世代のものの考え方や価値観です。乳児の身体を垂直に近いかたちで、母親の身体に密着させて抱き、吸いたい時に乳首を吸わせ、歩いて移動するという慣習。また一方で、自動車の助手席に備え付けられたベビーシートに、乳児を座らせるに近いかたちで寝かせ、運転して移動するという慣習。後者が主流を極める今の時代でも、前時代的な前者の慣習をヒントに、

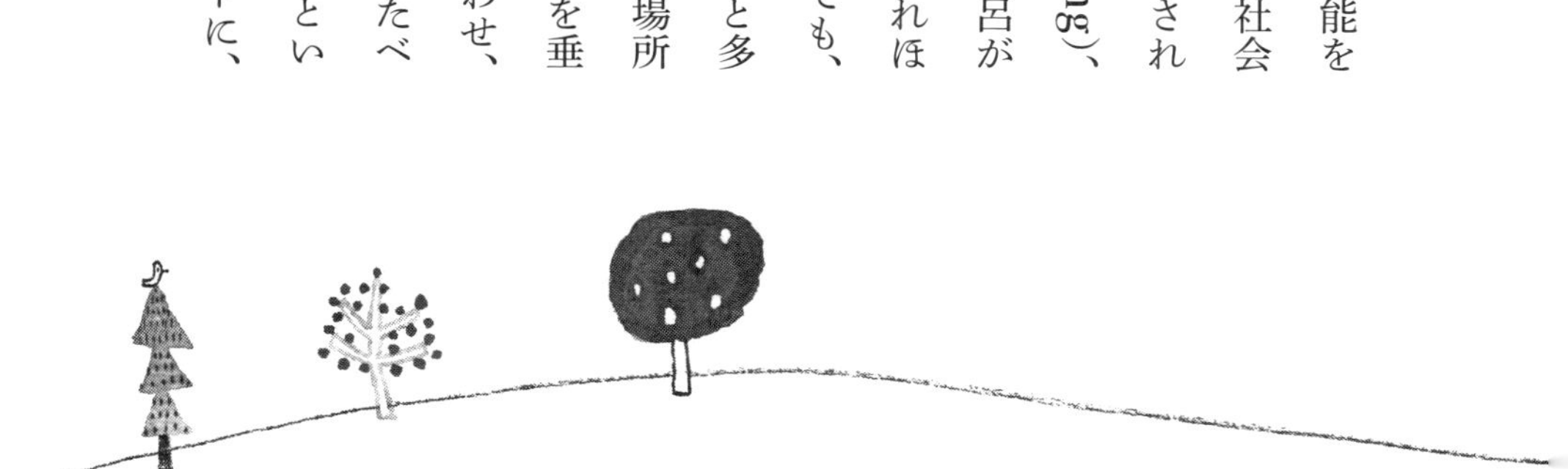

子どもの育てを行いたいという価値観はまま見られます。

そのように、前時代的な慣習や、前時代の社会様態をヒントにして、教育や子育ての選択肢は今よりももっと多様化するでしょう。その選択肢の主流はやはり、GMMFP？の社会の担い手を育てるような方向性を、その時代のOECD白書（AIによって策定されるかも？）が主張するでしょう。その時、現在の保育や子育ての慣習は、間違いなく前時代的な慣習です。しかし、それにもまだ価値を感じる人たちは一定数いるでしょうから、より人類を自然とみなしたい育ての選択肢から、より人類を機械化して新たな可能性を切り開きたい育ての選択肢まで、かなりの幅が広がるだろうと予測できます。前述の講義での講師の発言は、その時代を見据えた発言でした。なぜそれほどまでに多様な選択肢が、この機械化され、管理された社会にあるのか？という、その時代に生まれてきた人や親・教師にとっては、矛盾を感じざるを得ないような疑問との付き合い方を身につけなければ、次世代を担う地球市民は育めるとしても、幸福に生きる個体は育めない。そのあたりが、少し未来の幼少期の教育のポイ

ントになるのではないかという先見と言えます。

ここで先に戻りまして。もう一度いっしょに考えてくださいませんか？　あなたが人類以外の高度な知的生命体だとして、インタープリターとなって、保育園で人類のことをツアー客に解説していただきたい。あなたは人類の子どもの育ちと育てを、短時間でどう解説してゆきますか？　要点はどこにありますか？

このような稚拙な問いに捕らわれ、他の生命の生態を観察することに執着するがあまり森から離れられず、系統立てて人類生態学を学ぶこともできないままの中途半端が、「いっしょに保育者のための学びの場を作ろう！」と声をかけられました。そのようにして作った学びの場で聞いた講義が先の講義。講義をされた方、私に声をかけてくださった方は汐見稔幸先生。その汐見先生が代表を務める学びの場の名は、「ぐうたら村」と言います。呼び名からして、ＷＥＩＲＤな様態の社会でも、ＧＭＭＦＰ？な様態の社会になったとしても、大きな社会評価を受けることはなさそうな学びの場です。しかし、人類がより

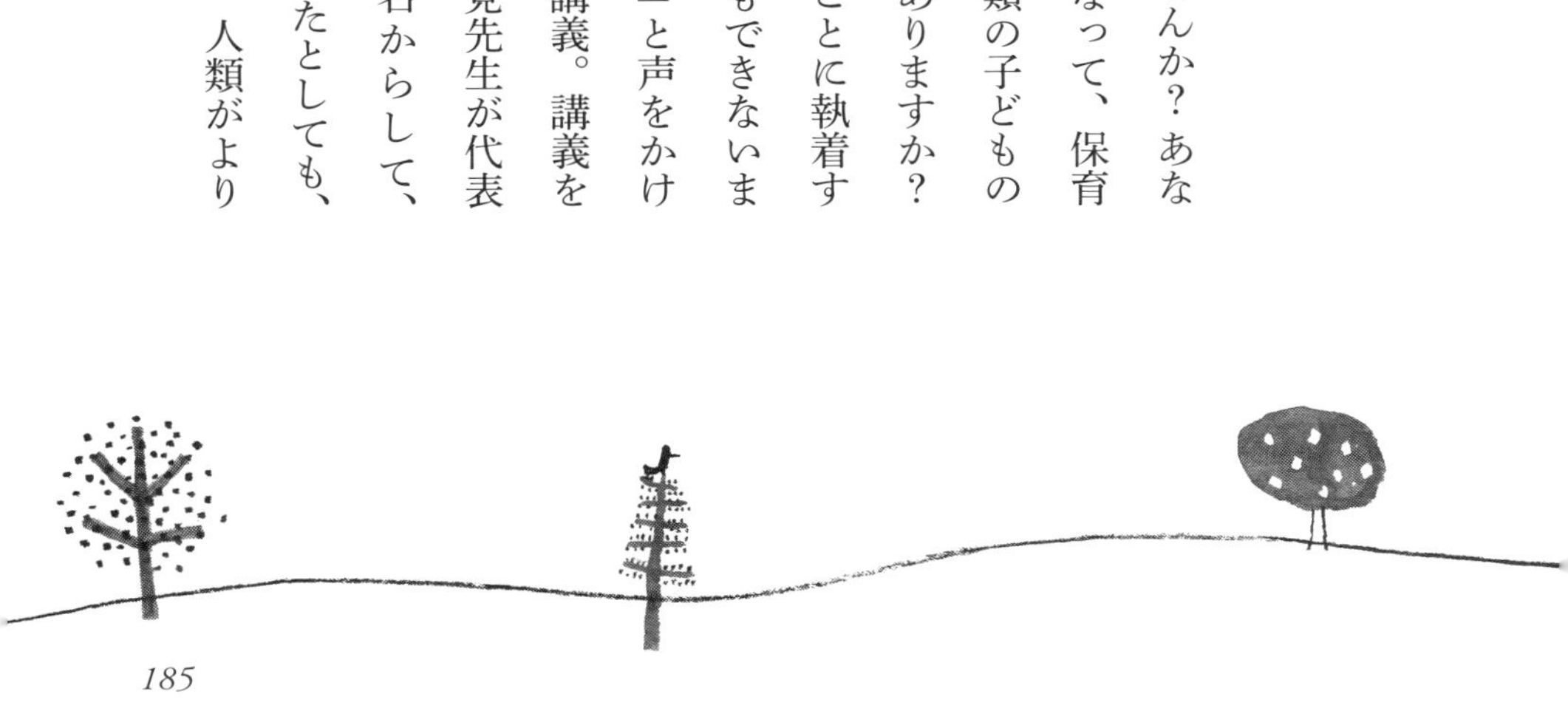

神性に近づき、人工知能が更なる知能を生み出すであろう時代を、豊かに幸福に生きてゆくための学び合いを続ける場です。

第５章　乳児保育の現在

乳児保育研究の過去と現在からその先へ

松永静子
Shizuko Matsunaga

かつて、私は0歳児30名だけを保育する公立の専門施設に勤務していた。その際に園内研修をお願いした汐見稔幸先生が玄関に立ち、靴を脱ぐやいなや「はいはい」の姿勢のまま、1階から2階へとぐるぐる見回り、その後研修は始まった。開口一番「何が見えたと思う?」

「僕が見たのは茶色い壁だけだったよ」と。職員は皆言葉をのんだ……。0歳児保育では専門園として全国各地から見学者が来訪する園だったが、保育環境は決して自慢できるものではなかったことを改めて自覚し、それから環境の見直しが始まった。その園は日本初の公立の専門園として開設され、0歳児保育のパイオニア的な存在の園だった。０歳児保育が一般的に普及し、早々とその役目を終え、約25年前に閉園となったが、その出来事は今でも鮮明に覚えている。汐見先生との出会いから、乳児保育研究の貴重な機会をいただき、現在もまだその途上で、長いトンネルの出口を未だ模索し続けている。

乳児の集団保育を立証する時代

１９８０年３月の『現代と保育』（ささら書房〔当時〕）に見る冒頭の論考で、谷中（公子）は乳児について、ソビエト（当時）からの文献を参考に発達に重点をおき、「誕生自体を生理的早産と1年早く生まれたがゆえに、感覚器官も閉ざされ、運動能力も未発達のままの頼りない存在です」と述べている。それゆえ「乳児期の一年間は、人間としてのいろいろな特性、特徴を身につけるための『準備期間』と見ることができ……」と、保育の中で発達をより詳細に捉え、繰り返される日課の中で自立の見通しを持った保育を行うよう推奨している。さらに遡る１９７０年代では婦人労働そのものが保育所の集団の乳児保育を後押しして、子どもにとって必要で教育的意義があるとしており、家庭教育の支えともなっていると、金田（利子）は幾つかの提言とともに述べている。また金田らは『母子関係と集団保育』（明治図書出版、１９９０年）の中で、集団保育での生活や遊びにおける保育者と子どもの関係性の事例などを分析し、様々な場面での個々への働きかけ・方法などを心理的拠点の形成として論述している。

　このように１９９０年以前の乳児保育に関する文献・研究に多く見られるのは、乳児の「集団」での保育に関し、発達的観点からの意義、心理学的観点から養育者、保育者との関係性の構築を主軸にしたものだった。一方で、乳児期は家庭保育を推奨すべきと集団保育に異論を唱える論文も多くあったが、都市社会の核家族が進む中で親子関係の歪みが徐々に問題視され始めていた時期でもあり、次第に家庭保育論の推奨は消極的な傾向を示していった。

　また、保育者と乳児の愛着行動については、１９６０年代からマザリングに関する研究などが報告されていたが、１９７０年代以降、保育現場では愛着行動・アタッチメント行動を重視した担当制保育が徐々に導入されるようになっていた。さらに乳児の対人関係に関する研究は他に非言語的、および言語的なコミュニケーションの研究、泣きや甘えの研究など、発達学的な観点での研究や現場の実践研究が多く報告されるようになった。以降、時代背景の変化や乳児保育が一般化されたこともあり、乳児保育の様々な角度からの研究が広がっていった。

「子ども観」の創出の時代へ

そうした乳児の捉え方を大きく変えていったのは、「日本赤ちゃん学会」の設立だったと考える。設立当時の会長、現理事長である小西行郎先生の設立メッセージに「21世紀の子ども観を新たに構築する必要があり、そのためには子どもに関係する研究を行うすべてのものが一堂に介し、研究協力や討論を行うべきで、そこに本学会の設立の意味があるのではないかと思っています」と述べられている。乳児の捉え方を開いていく学際的な研究、議論をもっとしていかなければという主張である。小西先生は胎児期や新生児期の乳児の研究のみならず、それらの基礎研究が保育や教育、育児の現場に還元されることを目指し、一つでも「子どもの問題」に生かされることを願っていると、現在も精力的に研究活動を進められている。しかし２０００年以降は赤ちゃんの早期教育など情報の氾濫もあり、そこを整理するために『赤ちゃんと脳科学』（集英社、２００３年）、『赤ちゃんパワー――脳科学があかす育ちのしくみ』（ひとなる書房、２００３年）を次々と出版されたのであろう。

　２０００年以降、つまり21世紀は乳児というくくりの中だけで捉えず、「子ども学」という観点に大きくギアチェンジされていったと考える。同じ２０００年以降、現場の保育者であった井桁容子先生の実践からもその「子ども観」を変える多くのヒントが発信されていた。子どもの遊びをよく観察すると、保育者には予想できない子どもの不思議な能力が発見できる。ビデオを回し、「ああおもしろい、すごい」と子どもに語りかけている保育者の共感的な姿そのものも

映し出され、現場の保育者たちにもその姿勢への共感の輪が広がっていったのである。

子どもの問題の深刻化と乳児保育の研究

話を少し戻すと、20世紀末には「学級崩壊」「気になる子」といった子どもの問題がマスコミで次々取り上げられていた。その頃、汐見先生は東京大学の大学院生らと現場の保育者とで「気になる子どもの研究会」通称「気に研」を立ち上げた。様々な知見を得ながら、保育者が気になるとする子どもの研究を進めていこうと、少人数で熱い議論がなされていた。

その経過の中で、乳児保育の現場で見られていた「赤ちゃんの抱かれ方がどうもおかしい、抱きつかない、反り返る姿がよく見られる」という問題意識から、汐見先生を代表に共同研究を行うことになった。それが、「乳幼児の『抱き』をめぐる『おかしさ』についての研究～0歳児クラスの子ども調査と母親の育児

意識調査〜」である。0歳児クラスの保育士や保健職関係者からの、抱くと嫌がったり、抱かれたがらない子どもが増えてきたとの直感的な指摘をもとに、抱き―抱かれをめぐる「おかしさ」の実態を数量的に明らかにし、子どもの対人関係能力の発達との相関関係に関する基礎調査として行った。保育士を対象とした「抱っこ」の実感調査では「抱いてもフィットしない」「体がグニャという感じ」「体が固い」他で、約2割の保育者から「体が固い」「フィットしない」という回答があり、様態調査では「抱いても手や足を回してこない」が最も多く、2つの調査（実感調査と様態調査）ともに全回答者（保育士）の25％がおかしさを実感していた。さらに二次調査として抱き―抱かれのおかしさとその親の養育行動の関連性を調査し、出産前後や育児中の不安、とまどいや未熟さとの相関が予想される結果となった。強い不安を示す親へは、早い段階で身体接触を積極的に行う支援をして、接触忌避感の緩和につとめるなどの支援も必要であると考察をまとめた。その研究を取材したある新聞社が「抱っこバンドの使用」がその原因ではないかと記事にしたので、直ちに訂正記事を載せるよう注意をしたが、研究の時期と抱っこバンドが普及し始めていた時期が重なっていたためであろう。

赤ちゃん学研究者との共同研究として ——「赤ちゃんの泣きに関する研究」

赤ちゃん学の小西行郎先生、榊原洋一先生、志村洋子先生と汐見稔幸先生を中心に「赤ちゃん保育研究会」を発足させ、まさに小西先生の提唱していた学際的なメンバーがかかわる研究がスタートしたのは２００３年のことである。

「赤ちゃんの泣き」を次の３つのテーマで研究を進め（「乳児保育室の空間構成」汐見稔幸・志村洋子他、「赤ちゃんの泣きと観察記録」根ヶ山光一・星三和子・土谷みち子他、「赤ちゃんの泣きを保育士はどうみているか」星三和子・塩崎美穂他）、これらの結果はすべて『保育学研究』（日本保育学会）に掲載されている。

汐見先生が筆頭をつとめた「乳児保育室の空間構成」の研究はビデオ調査により乳児の動線と保育者のかかわりを分析、同時に志村氏が騒音計による保育室の音環境と一日の生活の流れをもとに分析した。これまでの保育研究にはない視点から科学的に分析した結果であったために、異論を唱える研究者も出ていた。乳児保育は愛着理論や関係構築論によるところが大きかっただけに、研究の局面から立場を分けようとするのはやむをえないのだろう。この調査は保育実践そのものも研究の経過とともに変化していくアクション・リサーチ方式で行った。実践の課題をあらかじめ出して、その場面だけをビデオ撮影する。撮影された画面を見ながら保育者は振り返りをして、話し合い、乳児保育室の環境を自ら工夫し変化させていった。この方法を私たち研究メンバーは「自立的園内研修」と名づけた。保育者が気づきを実践にいかしていくことを可視化し、同僚性を高め、最終的に園の保育の質の向上に貢献していく研究となった。環境は飛躍的に変化し、保育者のかかわりや保育に対する意識もダイレクトに変容した。

乳児保育、新たな挑戦の時代へ

2001年の児童福祉法の改正で、待機児対策として認可外保育施設が都市部で急増した。これらの社会的背景から保育の質の低下が懸念されたが、保育の質研究はまだ始まったばかりであった。そのような中で金田（利子）、諏訪（きぬ）、土方（弘子）らはいち早く保育の質研究に着手し、『「保育の質」の探究―「保育者－子ども関係」を基軸として』（ミネルヴァ書房、2000年）を出版した。以降「保育の質」「保育の評価」の研究は進んだが、乳児保育に特化した保育の質に関する研究の報告は未だ少ない。

2015年7月に東京大学「発達保育実践政策学センター」（代表　秋田喜代美先生）が設立され、大型プロジェクト研究調査が始まり、野澤（祥子）、淀川（裕美）らの「乳児保育の質に関する研究の動向と展望」（『東京大学大学院教育学研究科紀要』2016年）が報告されている。その中にある保育の質に関するデータはほとんど海外のものであり、質や評価に関する国内の研究としては、

今後に期待せざるをえない。

２０１８年に保育所保育指針が改定され、乳児保育に関する記述、乳児期からの教育についての記述が詳細にわたり加えられた。このことは今後の実践の方向性を示唆するものであり、これまでの乳児保育から大きな転換期を迎えた内容となった。乳児保育の研究も同様に新たな時代へと移行していく兆しが見え始めている。やがて社会がＡＩの時代を迎える今、「人、人間とは」と、その存在が根本から問われ、その問いの答えを導き出すのは乳児研究に新たな意味を持たせることではないだろうか。乳児期の保育は乳児が親以外の人と出会い、生活を共にし、育っていく貴重な場である。多くの研究での知見をもとに人として育つ上で失ってはならないもの、大切にしていくことは何なのか、身につけていくべきことはどのようなことなのか、乳児の持つ能力を発見し伸ばすことはどのようにしていくことであるのか、時代背景の変化とともに研究者たちは試行錯誤しながら研究を進めてきた。

日本の教育人間学を力強く支えてきた汐見稔幸先生であるが、「乳児への思

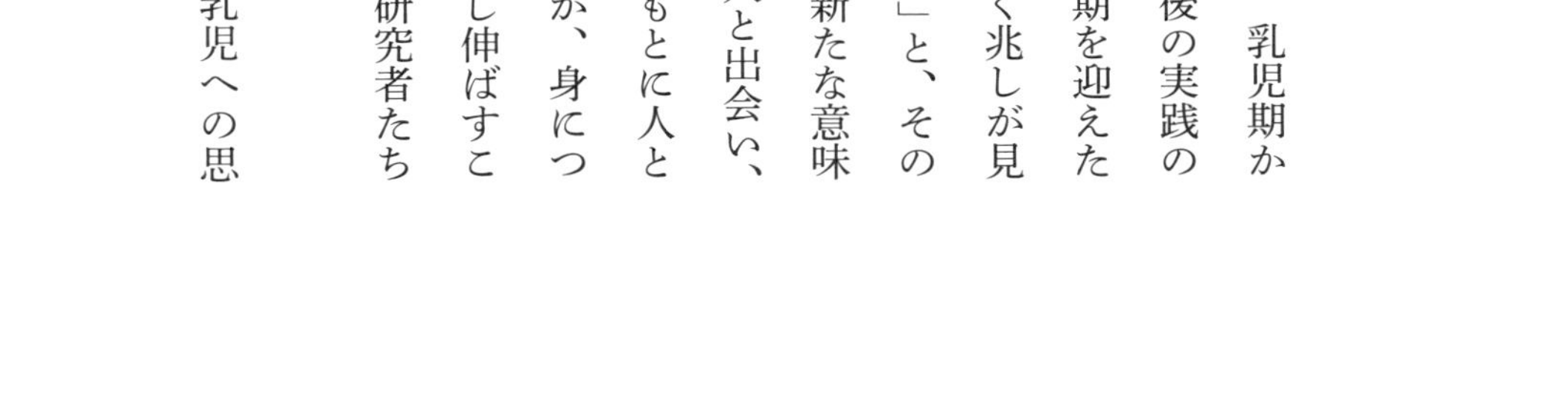

い」は際立って強い。2050年はもう目前であり、さらに新たな時代への挑戦、人としての原点である「乳児」について、人間学、人間哲学の観点から研究を進めていくことを大いに期待したい。

家庭的保育の今とこれから

福川須美
Sumi Fukukawa

子ども・子育て支援新制度下の家庭的保育事業

家庭的保育は、現在、家庭的保育事業という名称で、子ども・子育て支援新制度の地域型保育事業の一つに位置づけられています。

制度的には厚生労働省令第61号「家庭的保育事業等の設備及び運営に関する基準」並びに内閣府令第39号「特定教育・保育施設及び特定地域型保育事業の運営に関する基準」に基づいて、市町村が条例で定めた基準に従って家庭的保育者が保育します。保育の対象は3歳未満児で、保育者一人で3人まで（保育補助者を置く場合は５人まで）保育できます。

家庭的保育の変遷

家庭的保育の歴史は長く、国庫補助事業になる半世紀も前にさかのぼります。１９５０年の京都市の昼間里親を皮切りに、大阪市、東京都、横浜市など大都市およびその周辺に普及していきました。それらの地方自治体は、市町村の保育実施義務を定めた児童福祉法第24条第１項その他の但し書き、「その他の適切な保護」を行うために、当時保育所ではほとんど実施されていなかった乳児保育の受け皿として、また激増する保育ニーズに追いつかない保育所不足を補完するために家庭的保育を導入しました。自治体の単独事業であったため、名称も資格要件等の基準も一様ではありません。１９８０年代になると、増大するニーズに応じて認可保育所における乳児保育が拡充され、自治体によっては制度を廃止したところもあります。東京都児童福祉審議会は１９９０年、保育者の高齢化や保育水準が低いなどとして、家庭的保育の存続について否定的な答申を出しました。これに反発した保護者や保育者たちの努力で、全国家庭的保育ネットワークが結成されました。統一した定義も全国統計もない当時、ともかく実態を把握しようと実施した全国調査の結果からは、約1500人くらいの家庭的保育者の下で5000人くらいの3歳未満児が保育されていたようです（注1）。

しかし1990年代に待機児問題が深刻化すると、国は2000年、待機児解消の応急的対策として家庭的保育事業を創設しました。厚生省（当時）は「施設における保育サービスに比べ、より家庭的な環境の中で主として低年齢児の保育を行うという利点を有し」「施設整備を必要としないことから、保育所入所待機児童の緊急かつ一時的な受け皿になりうる」（注2）と評価し、増設を見込んで大幅な予算増をしました。しかし、家庭的保育者の資格要件を保育士または看護師に限定するなど事業者要件が厳しかったためか、増設の期待は外れてしまいました。その後、2010年には児童福祉法上に「その他の適切な保護」

の事例として法定化され、２０１５年度から施行の「子ども・子育て支援新制度」では、待機児の大半を占める３歳未満児の受け皿として、小規模保育等と並んで地域型保育に位置づけられました。

家庭的保育は保育政策の変遷に翻弄させられながらも命脈を保ち、今日に至ります。自治体の独自事業としての家庭的保育は国の事業に移行したところもあれば、そのまま併存しているところもあります。

自治体の独自事業として始まった創設期は保育所と同様の日々の保育労働でありながら、ボランティア的な位置づけだったことに比べれば、現在は自治体の認可事業としての位置を確保し、公定価格に基づいて補助金が支給され、職業的自立が可能になりました。その意味では格段の進歩を遂げたといえるかもしれません。

しかし、家庭的保育は新制度の下で増加したかというと低迷しています。家庭的保育者数と家庭的保育利用児童数は、国庫補助事業型で保育者数１７０３人、利用児数６６１８人、地方単独型で保育者数１０２９人、利用児数２６８５

人と、両者を合わせても保育者数2732人、利用児数9303人（注3）であり、家庭的保育を利用している子どもは保育所保育を利用している3歳未満児の1％にも満たない状況です。

地域型保育事業では小規模保育事業の増加が著しく、しかも企業の参入が顕著です。国は待機児解消を目指して、さらに企業主導型保育事業を導入しました。自治体も、なり手が少ない家庭的保育事業よりも小規模保育事業の増設に力を入れています。

家庭的保育は、保育補助者がいるとはいえ、日々、幼い命を預かり育て、園長から雑役までこなす責任を負う専門性の高い仕事です。しかし、家庭的保育者の要件には保育士資格が必須ではなく、保育士と同等以上の知識および経験を有する者（実際は認定研修修了者）が、基礎研修を修了すればよいのです。研修では試験もありません（厚生省令「家庭的保育事業ガイドライン」）。幸いにも後述のように現状は有資格者が多数を占めていますが。この点については、どの保育形態を選んでも同じ水準の保育を保障すべき新制度の原則に反していま

す。家庭的保育は3歳未満児の異年齢保育です。保育士経験者であっても家庭的保育向けの基礎研修を受講します。質の高い家庭的保育を実施するには、高い専門性を身につけた保育者が必要なことはいうまでもありません。ともかく量的拡大を成し遂げ、待機児解消を達成したいという国の方針の下では、即戦力的な存在ではありません。

0歳児を含む3歳未満児という人生の最初の時期の重要性については、国際的にも、また日本の新保育所保育指針においても改めて確認されています。とりわけ受容的応答的な関わりや探索活動の重要性が示されており、いずれも家庭的保育の得意とするところです。3歳未満児の保育にとって家庭的保育の果たす役割はもっと重視されるべきだと思います。

家庭的保育に対する利用者の満足度は高い

ところで家庭的保育は、これまでの利用者調査から見ると非常に満足度の高

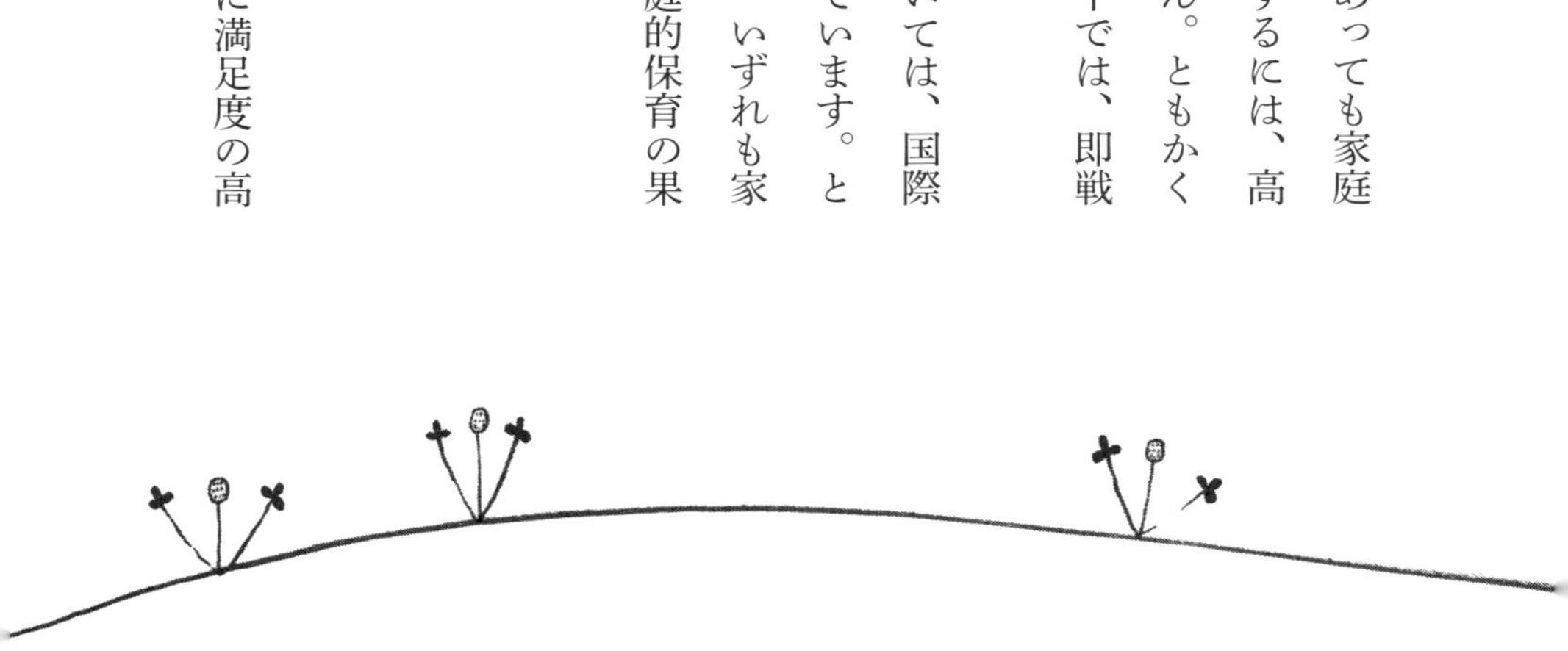

い保育です。

厚生労働省による最近の委託研究の調査結果（注４）から見てみましょう。調査対象は認可保育所および地域型保育事業の各種利用者を網羅しています。

通っている保育施設への満足度については、家庭的保育の総合的満足度は４点満点の３・62で、事業所内保育３・63に次いで第２位でした。個別の項目では、保育理念・方針、保育・教育内容、保育士・保育教諭の質、保育士・保育教諭の数、病気・アレルギー等への対応、施設整備等（施設の充実や衛生管理）で、認可保育所を含めた他の保育施設の中で最も高い点数を獲得し、とりわけ、保育士・保育教諭の質については、非常に満足（73・１％）とおおむね満足（25・０％）を併せて98・１％という満足度でした。

日本では保育所等に勤務した経験者が少人数の丁寧な保育を望んで家庭的保育に参入する場合も相当あり、育児経験のみ等の諸外国と比べれば、保育士等の有資格者が過半数を占めているといえます（注５）。また勤務年数は長く、年齢も40歳代から50歳代が圧倒的です。以前は家庭的保育者になるには就学前の自分の子がいないという条件があったことも影響しているでしょう。自宅で仕事ができるという点も継続しやすい要因といえるかもしれません。利用者の満足度に保育者の質が高いポイントだったこともうなずけます。

利用者や保育者対象の別の調査結果（注6）では、保育開始後3か月までは低迷していた満足度が、その後ぐんと上昇します。少人数で、個別的な配慮が手厚く、柔軟で丁寧な保育や保護者対応に満足していく様子が見てとれます。

また、満足度とは別の話ですが、家庭的保育が個別的配慮を要する障がいをもつ子どもや外国人保護者に対して、より優れているという研究も紹介されています（注7）。筆者は、10代の若いひとり親で親も子も課題を抱えていましたが、家庭的保育と連携保育所との協力で親子ともども成長できた事例を知っています。家庭的保育の特性を生かす一つの方向といえるかもしれません。

さらに家庭的保育では、認可保育所に比べ、積極的に地域資源を活用している実態を明らかにした調査研究もあり、家庭的保育者の目線からの子育て環境としての都市環境への指摘は有意義であるとのことです（注8）。

3歳未満児保育の経験豊かな保育者

保育所では0歳から就学前までの幅広い年齢を担当するため、特定の年齢の子どもたちの保育に関して熟達することはあまり期待できませんが、家庭的保育の場合は3歳未満児対象であり、0歳、1歳、2歳についての経験値には厚みがあります。しかも10年以上、30年以上もの実績を積んだ保育者も健在です。

3歳未満児という重要な時期の保育に関して熟達した経験者は貴重な人材といえます。今どきの子育て初期の親たちを支援するには、豊富な経験が役立ちます。汐見先生も家庭的保育に助けられたと伺いました（注9）。

家庭的保育の特長を生かすには

利用者満足度の高さと存在の極小さのギャップに驚きますが、その理由の一つは存在そのものが周知されていないことにあると思われます。利用者ももっと周知を図るべきだという意見を寄せていました。

また、自治体ごとにばらつきのある歴史を背景に、保育の質の格差も指摘されます。保育所の保育指針に準拠するだけではなく、家庭的保育独自の保育指針もあってしかるべきでしょう（注10）。

保育を実践している家庭的保育者が、重い責任をほぼ一人で背負うシステムの問題もあると考えます。公定価格の下、財政的には改善されたとはいえ、それに付随して増加した事務的・管理的実務は保育者を苦しめています。家庭的保育をあまりコストのかからない単なる待機児対策として利用しようという政策ではなく、施設型とは異なる家庭的保育という3歳未満児の異年齢小集団保育の特性を十分に生かす方向に目を向けてほしいものです。新制度施行から5年目を迎える今、自園調理、代替保育、連携施設確保、3歳以降の保育の受け皿など、まだ多くの難題を抱えている家庭的保育事業ですが、貴重な保育を絶やさず、質の高い保育を発展させていきたいと思います。

（注１）上村康子・福川須美「家庭的保育制度の全国実態調査報告（上）—１９９２年、１９９３年調査から—」『保育情報』No.262　１９９８年、上村康子・福川須美「家庭的保育制度の全国実態調査報告（下）—１９９２年、１９９３年調査から—」『保育情報』No.263　１９９８年

（注２）第１４０回国会 衆議院厚生委員会議事録 第27号（１９９７年5月21日）、五十嵐裕子「日本における家庭的保育制度の変遷と家庭的保育制度研究の動向」浦和大学・浦和大学短期大学部『浦和論叢』第56号　2017-2　p.12より

（注３）全国保育団体連絡会・保育研究所編『保育白書２０１５年度版』ちいさいなかま社　２０１５年　p.173

（注４）厚生労働省の平成29年度子ども・子育て支援推進調査事業の委託研究『保護者が希望する保育と実際に選択される保育施設との関係について』（みずほ情報総研株式会社）　２０１８年

（注５）かなり前の調査であるが、家庭的保育に従事する保育者の資格保有について、１９９２年調査結果では66市中75％が保母、幼稚園教諭等の有資格者で、１９９８年の調査結果では77市区中保母や看護師等の資格必須自治体は34市区（44・2％）、資格保有または育児経験が31市区（40・2％）であった。上村康子・福川須美「家庭的保育制度の全国実態調査報告（上）—１９９２年、１９９３年調査から—」『保育情報』No.262　１９９８年、上村康子・福川須美「家庭的保育制度の全国実態調査報告（下）—１９９２年、１９９３年調査から—」『保育情報』No.263　１９９８年

ヨーロッパのファミリーデイケアについては、福川須美「ＥＣ保育ネットワーク・レポート—ヨーロッパのファミリーデイケア—」『駒沢女子短期大学研究紀要』第30号　１９９７年、「ヨーロッパにおけるファミリーデイケア—ＥＣ保育ネットワーク報告書による問題提起と勧告—」１９９８年を参照されたい。

（注6）こども未来財団 平成25年度 児童関連サービス調査研究等事業「家庭的保育、居宅訪問型保育等　多様な保育を必要とする利用者の意識とニーズに関する調査研究」（主任研究者：尾木まり、分担研究者：網野武博、福川須美、上村康子、大方美香、野澤祥子、協力研究者：坂本秀美、鈴木道子、長崎真由美）２０１４年3月

（注7）横畑泰希他「個別的配慮を必要とする子どもの家庭的保育─障害児の保育実践事例による一考察─」２０１２年、南野奈津子他「障害児の家庭的保育利用におけるサービス提供体制に関する研究─A市へのインタビュー調査より─」２０１３年、南野奈津子「外国人保護者への保育支援に関する一考察─家庭的保育事業の可能性の模索─」２０１４年、南野奈津子他「家庭的保育事業における個別ケアを要する乳幼児及び障害児に関する調査研究」２０１５年 等、五十嵐裕子「日本における家庭的保育制度の変遷と家庭的保育制度研究の動向」浦和大学・浦和大学短期大学部『浦和論叢』第56号　2017-2　p.28

（注8）同右p.18, p.22より

（注9）座談会「乳児の保育は『家庭的に』─豊かな知識と経験が子育てを支える時代」で、汐見先生は「我が家では最初の子育てを保育ママさんに手伝っていただいたんです」と話された。全国家庭的保育ネットワーク編『はじめよう！　0・1・2歳児の家庭的保育』２００４年度版（２００９年に福村出版から改訂版発行）所収

（注10）家庭的保育研究会編『家庭的保育の基本と実践』第3版（家庭的保育基礎研修テキスト）福村出版　２０１７年の第6章「家庭的保育の保育内容」では、これまでの家庭的保育の実践を踏まえた3歳未満児の異年齢小集団保育の工夫が記述されている。

第６章　教育思想と現代教育

シティズンシップと子どもの教育

小玉重夫
Shigeo Kodama

教育学の地殻変動

私は、１９８７年４月に大学院修士課程に進学してから、１９９８年2月に博士（教育学）の学位を取得するまでの間、汐見先生を指導教員として、教育学の研究者としての最初の約10年間を過ごした。この時期はちょうど、１９８９年の冷戦終結を転機とした教育学の地殻変動期にあたり、汐見先生自身もこの点について、以下のように回顧している。

ちょうど80年代の末に社会主義が崩壊していきましたが、例えば、ソビエト教育学なんかやっていた人は、そのソビエトがなくなってしまうわけですから、足場がグズグズっと崩れていくわけですよね。で、保守と革新、文部省対日教組という枠のなかで、どちらの側につくのかっていうような感じでやっていた教育学がガタガタッと僕は崩れていったような気がします。自分自身がそういう中に足場を入れて視野が狭くなっていたんじゃないかという反省だとか、自己嫌悪だとかいろんなものがこの時分に襲いました。（汐見 2007：14）

１９８９年当時、大学院の汐見ゼミでは、「教育学的子ども・青年研究」というテーマのもとに、「従来の発達論と社会理論の接合ではない、文化現象が個人主体を規定し、個人主体が文化現象に働きかけていく、その臨界面を把握するための方法論を検討することを通じて、既成の発達論と社会理論の双方を乗り越えていく」ことがめざされていた（小玉 1990：182）。しかし、冷戦終結という歴史の転換を前にして、この「既成の発達論と社会理論の双方を乗り越えていく」ためには、そうした諸理論自体が形成されていく歴史的な磁場を問題化しなければならない、汐見先生はそう考えたのではないか。そのため、翌年の1990年度からは、ゼミのテーマを「戦後教育理論の総合的検討」へと切り替え、「戦後教育の諸理論を歴史的文脈の中でとらえなおし、その発生的系譜を明らかにすること」と、「諸理論間の対立・葛藤・相互浸透の様相」をとらえることがめざされた（小玉 1991：155）。そこでは、海老原治善の『戦後日本教育理論小史』や、堀尾（輝久）・持田（栄一）論争などが精力的に検討された。

シティズンシップ教育への展開

このような汐見ゼミのテーマ設定は、当時進行していた教育学の地殻変動をリアルタイムで同時進行的に経験するという意味をもっており、私自身もそこで多くのことを考える機会を得た。たとえば当時、戦後教育学の主流は、子どもが人間として発達をとげ、学校で将来の市民（公民）へと成長していく過程を、ルソーの『エミール』におけるオム（人間）と『社会契約論』におけるシトワイヤン（市民、公民）の関係として位置づけ、これを私事としての教育の組織化という形で統一しようとした。しかし実際の子どもは、人間から市民へと順接的に成長するわけでは必ずしもなく、人間としての側面と市民としての側面を同時にあわせもった存在として生まれてくるのではないか。もしそうだとすれば、人間としての教育には帰せられない、公共性を担う市民としての教育に独自の位相を考えなければならないのではないか。

そのような関心から、私は教育の公共性を博士論文のテーマとし（小玉1999）、その実践的展開として、シティズンシップ（市民性）教育の実践と研究を手がけるようになった。その意味で、この時期の汐見ゼミでの議論は、教育学の地殻変動を体感させてくれるものであり、シティズンシップ教育への関心をひらく大きなきっかけともなった。

子どもを市民としてとらえる

それから30年が経過し、時代は、ポスト「冷戦以後」とでも呼べる時代に突入した。18歳選挙権の実現や高大接続改革に象徴されるように、日本の学校教育もシティズンシップ教育を一つの軸として大きく変わろうとしている。私たち東京大学大学院教育学研究科では、汐見先生が顧問を務めているナチュラルスマイルジャパン株式会社と、2018年2月に連携のための協定を締結した（小玉2018）。同社は「まちの保育園・こども園」を運営し、イタリアのレッジョ・エミリアの保育運動と深くつながっている。そこで私たちは、同社を介して、レッジョ・エミリアの保育運動と積極的に連携し、保育者の研修やコミュニティコーディネーター養成講座などを進めつつある。

この連携には、三つの意味が込められていると考えている。一つは、保育をまちづくりの中心に据えるという点である。もう一つは、多様性・複数性にひらかれた民主主義の理念を大切にするという点である。三つめは、公共空間に現れ（appear）、集う（assembly）市民（citizen）が、まちの担い手となり、そこでは子どももまた、市民であるという点である。これは、ハンナ・アレントが公共性を複数性の空間としてとらえた視点を現代に実現する方向性を含んでいる。

子どもは未来の大人ではなく、すでに市民としてこの世界に到来している、そのことのもつ教育学的含意をさらに深く探究していきたいと考えている。

参考・引用文献

小玉重夫　1990「1989年度大学院ゼミ動向　汐見ゼミ」『研究室紀要』第16号　東京大学教育学部教育哲学・教育史研究室　pp.182-183

小玉重夫　1991「1990年度大学院ゼミ動向　汐見ゼミ」『研究室紀要』第17号　東京大学教育学部教育哲学・教育史研究室　pp.155-156

小玉重夫　1999『教育改革と公共性―ボウルズ＝ギンタスからハンナ・アレントへ』東京大学出版会

小玉重夫　2018「研究・教育の現状と課題　1　総括」『東京大学大学院教育学研究科・教育学部年報9』pp.1-2

汐見稔幸　2007「私の歩み」『研究室紀要』第33号　東京大学大学院教育学研究科教育学研究室　pp.1-19

人間の幸福度を高めるモンテッソーリ教育

深津高子
Takako Fukatsu

汐見さんとモンテッソーリ

これまで日本のモンテッソーリ運動は、ずいぶん汐見稔幸さんに助けられてきた。

最近でいうと2015年1月、白梅学園大学でモンテッソーリ教育を紹介する機会を拙者に与えてくださった。同大学でモンテッソーリ教育のみを取り上げるのは初めてだったそうだ。引き続き2016年夏、日本モンテッソーリ協会（JAM）が広島で「平和と教育」というテーマで全国大会を開催したとき、汐見さんは基調講演を引き受けてくださった。「平和とは戦争と戦争の合間の、武器が倉庫に眠っている時間のことではない」というモンテッソーリの言葉に始まり、保育園・幼稚園で働く私たちが日々の保育でできる平和の積み重ねについて話された。それは子どもをあるがままに受け入れ、その場の状況で臨機応変に子どもと「応答」することが大切で、これが一人から始まる平和行為であるというお話だった。この汐見さんの基調講演から、祈りにも似た雰囲気で広島大会をスタートすることができた。

また、拙者も副代表として関わっている一般社団法人AMI友の会NIPPON（注1・2）の第1回設立総会（2013年6月9日）でも、お祝いを兼ねて基調講演を引き受けてくださった。題目「これからの乳幼児教育、そしてモンテッソーリ教育に期待すること」の中で汐見さんは、モンテッソーリ博士が目指した平和運動が日本で正しく展開されているか、並びにモンテッソーリ教師は教具や提供といった部分のみに囚われていないか、また「それはモンテッソーリ博士自身が望んでいたことではなかったはず」と、実際にモンテッソーリ自身の言葉を本から朗読され、厳しくそして温かい眼差しで指摘してくださった。これは汐見さんからの、日本のモンテッソーリに関わるすべての人々への応援エールと理解している。

さらに、同団体はこれまでマリア・モンテッソーリの著書を4冊邦訳しており、風鳴舎から出版可能になったのも汐見さんのお陰だ。全4冊の帯に書かれた汐見さんの簡潔で力強い言葉は、書店で若者がモンテッソーリ書籍を手に取るきっかけを作っている。

幸せな対談

汐見稔幸さんと私は、同じ街に住んでいるということもあり、近所のスーパーでばったりお会いしたり、ご自宅のヨガレッスンに参加させていただいたり、また2年前には「GDP（国民総生産）よりGNH（国民総幸福量）」で有名なブータン王国へのツアーにもご一緒したりと、これまで何度も有意義な時間を共有させていただいた。

しかしその中でも私が最も貴重に感じているのは、地元カフェスロー（注3）のイベントで、汐見さんと一緒に「人間の幸せ」について対談したことだ。このイベントは、まず映画『happy－しあわせを探すあなたへ』というドキュメンタリー（2012年・米国制作）を皆で鑑賞し、個々に意見を述べ、最後に会場の皆さんと共に「人間の幸せ」について語り合うという企画だった。その時汐見さんは、これまで人類が地球上で何に幸せを見出してきたかについて、歴代の賢者・哲学者たちを例に挙げながら語られたが、私は横で汐見さんの歴史的見地の膨大な知識に圧倒されながらも、次何を言おうか心の中で右往左往していた。

結局私は「手を使うことが人間の幸せの原点だ」と結論付けた。なぜそう答えたかというと、もう40代になる元モンテッソーリスクールの卒園児たちの姿が思い出されたからだと思う。どんな職種、地位にいても喜びにあふれている彼らに会うたびに感じる、「手を使うことが幸せにつながる」というある確信のようなものが、私にそれを言わせた気がする。

モンテッソーリってなに?

「モンテッソーリ」とは、イタリア初の女医で、後に精神科医になったマリア・モンテッソーリ(Maria Montessori,1870-1952)の名前からきている。100年前は現在あるようなMRI、CTスキャンなど無く、その代わりに彼女は自分の「観察力」を使った。子どもをどう見るかは各教育体系の核を成すが、モンテッソーリは、まるで球根のように独自のプログラムを内在する子どもの中には「内なる教師(inner guide)が住んでいる」と言った。

「いつ、何色に咲き、いつ枯れるか」など、すべて綿密で膨大な生命計画が球根の中に宿されている。子どもを可哀そうな「空っぽのバケツ」と見るか、「自ら成長させる力を持っている球根」と見るかで、当然教育カリキュラム内容は180度変わる。

最近、将棋の藤井聡太七段の影響か、よく「モンテッソーリって何ですか？」と聞かれる。そんなとき、私は植物や農業を例に説明することにしている。

ここで私のよく使う例を紹介してみたい。まずは朝顔バージョンから。

・朝顔編：「朝顔って育てたことありますか？（ある）じゃあ、ある時期、朝顔の蔓が出てきますよね。（はい）そんなときタイムリーに支柱を立ててあげると、朝顔はより良く伸びていきますよね。（はい）それが本来の生命が育つ援助で、それはまさにモンテッソーリ教育なのです。（はぁ⁇）」

子どもの発達を知ると、ある安心感を持って成長を見守れると言いたいけれど、あまり効果がない場合は、次の「有機農バージョン」を使って説明する。

・有機農バージョン：「農薬使用している農家には、ある時期になると農協から電話がかかってきて、『そろそろ○○の薬を散布しないと今年は大変だよ』とか、『そろそろ○○を植えたほうがいいよ』などと、商品のＰＲと共に連絡が来るそう。その通りやればある程度の収穫はある。一方、有機農業の人たちには、そんな連絡は来ないから、毎日自分で苗一本一本をじっと見て、いつ何をするかしないかの判断を下さないといけない。雨の日も風の日も地面に這いつくばってヨトウムシを箸で摘まみ、彼らが何時ごろにやってきて、どんな仕業をして帰るのか、その被害も益も見つめる。つまり有機農業とは、生命と生命との相互依存関係をよく観察することから始まる。」

この話は私にとって「ザ・モンテッソーリ」の感がある。子ども一人一人をよく観察し、既製のガイドラインではなく、自分の眼と発達の知識を使って先入観無しに子どもを見ることを示している。

そして写真（A）を使って説明することもある。

・赤ちゃんの足編：写真A

「これはまだハイハイできない赤ちゃんの足です。よく見ると、親指が他の4本指から独立して（分化して）違う動きをしています。つまり親指はもう地面を蹴る準備ができていて、ハイハイの準備が完了したというサインです。でももしこの時期に『今日は寒いから』と赤ちゃんに分厚い靴下をはかせ、赤ちゃんを毛

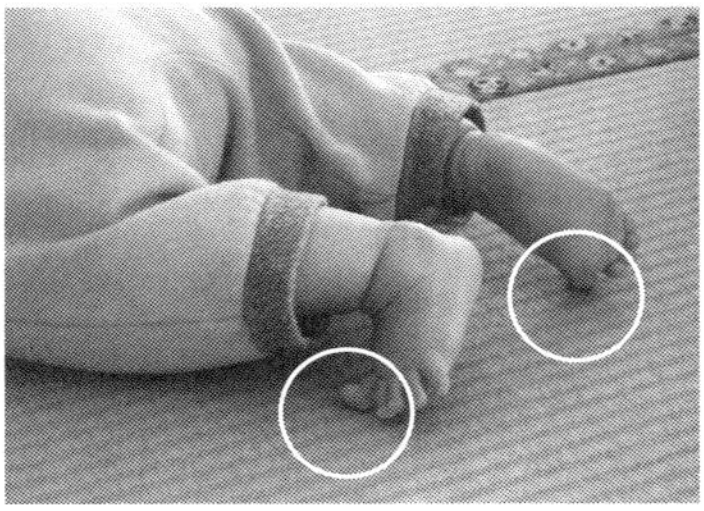

写真A
生命の宿題を邪魔しない（筆者撮影）

足の長いじゅうたんに置くとどうなるでしょう？　ハイハイどころか、衣服との摩擦で前に進むことができず、また分厚い靴下によって、せっかくの親指も床を押すことができません。ですから部屋を暖かくして、裸足でフロアリングの床や畳にそっと置いてあげると、赤ちゃんは自然からの宿題のハイハイを思う存分繰り返せますね。」

この例も「生命の育つ邪魔をしない」というモンテッソーリ教育に通じる理念だと、自分では気に入っている。

さて例の話はこのくらいにして、実際にモンテッソーリ教育と幸福の関係に話を戻そう。

幸せのサイクル

幸福感とは、どうやって子どもの中に育つのかに焦点を当ててみたい。モンテッソーリ教育では幸せになることが教育目標ではなく、自己実現の副産物として幸せになるのである。

モンテッソーリ教育を受けた子どもの親が協力してくれたアンケートの結果を使って、この幸せのサイクルを説明してみたい。

〈約１００名の保護者のほとんどが○を入れた子どもに現れる共通の特徴〉

・手が器用：男女を問わず手を使うことが得意。料理、大工仕事、パソコンによる制作、編み物など手で創ることが好きで、買うより作るほうが好き。物のやり方に独自の手順、段取りがあり、動きに無駄がない。

・集中が半端でない：三度の飯より好きな作業や活動（スポーツ含む）がある。集中している時は話しかけても聞こえないくらい深い。自分で目覚めたようにやり遂げたあとは、信じられないくらい穏やかで素直になる。

・マイペースである：皆がサッカー部に入ると言っても「私は合気道」と決め、皆が塾に行っても「今はいい」と言う。流行やトレンドに振り回されず自分の考えがある。「もう自分で何でも決めるので、つべこべ言うのをやめた」と多くの保護者が話す。

私はこの三つの特徴は深く関連し合っているように思う。モンテッソーリの保育環境がそれを生むようにデザインされているという背景もあるが、子どもが何かを選ぶ→手を使って作業をする・何かを作る→集中する（この中には失敗、やり直し、再考、繰り返しのような試行錯誤の時間も含まれる）→ここでストップしようと自分で決める→自分のペース（マイペース）で「自分なりの完成度」に達し、深い満足感を得る→更なるチャレンジに向かう（怖くない）→集中する→達成感→次のチャレンジ→考える……と続く。

この幸せのサイクルは子ども時代だけでなく、一生涯にわたって続く。シカゴ大学の教授でノーベル経済学賞受賞者ジェームス・ヘックマン氏が提唱するように、乳幼児期に楽しい学びのサイクルを学習した子どもは、その後の人生でも「学びの楽しいサイクル」を求めて繰り返し、それは一生涯続く。それを経験しなかった子どもに比べて、犯罪、麻薬などの社会的逸脱行動に関わらない傾向があるという。

朝起きて、やりたいことがあるのは幸せだと誰かが言った。

――私たちは幸せなのか？――

汐見さんと幸せサイクル

退官後も汐見さんはきっと毎朝、何かワクワク感と共に起き、八ヶ岳の自然の中で手に鍬やハンマーを持って何かを作り、掘り起こし、集中し、失敗し、また工夫し、試行錯誤しながらも完成し、そしてまた次のチャレンジへと向かっておられると想像する。きっと汐見さんは子どものころから「幸せのサイクル」にはまっていて、今後もそのスパイラルは自動的に続くのだと思う。まさにHappy Lifeだ！

（注１）ＡＭＩ：Association Montessori Internationale（国際モンテッソーリ協会）の略。ＡＭＩはモンテッソーリ自身が１９２９年に子息マリオと設立した、モンテッソーリ教育の普及団体。現在はオランダのアムステルダムにあり、モンテッソーリ教師養成者のトレーナー養成、またコースで使うカリキュラム内容の保全と監修、本の出版、貧困層や難民キャンプでのモンテッソーリスクールへの教育支援など、世界のモンテッソーリ運動のＨＵＢの機能をはたしている。詳細はhttps://montessori-ami.org（英語のみ）

（注２）ＡＭＩ友の会ＮＩＰＰＯＮ：２０１２年４月にオランダ本部より正式に認証された、日本で唯一の支部のようなＡＭＩ関連団体。当会員になることで本部オランダの会員になることもできる。教師養成コースの企画運営、セミナー、講師派遣、モンテッソーリ著書の翻訳・出版をおもな活動としている。会員にはメールニュースが届く。また会員に限らず誰でもモンテッソーリのことを安価で学べるワンコインの会を開催している。詳細はwww.amitomo.org

（注３）カフェスロー：東京国分寺にあるオーガニックカフェ。これまで汐見さんの講演会、対談、鼎談、座談会などが行われ、『エデュカーレ』や他の雑誌取材の場所としても利用されている。www.cafeslow.com

第7章　子どもの育ちと教育・保育

気になる子の保育

榊原洋一
Yoichi Sakakihara

発達障害の誕生

大人に比べて子ども――特に幼児が、落ち着きがなくいつも動き回っている存在であることは、誰でも知っています。さまざまなモノや人に興味を持ち、好奇心に突き動かされるからこそ、子どもは大人にまねのできない驚異的な吸収力で言葉やモノの知識だけでなく、社会性を身につけてゆくと考えれば、子どもは本来多動な生き物であることは納得できます。

しかし、医学界では19世紀の終わりころから、度の過ぎた多動は脳機能の未

熱性や不全によって引き起こされるのではないかと考えられるようになってきました。20世紀初頭に全ヨーロッパで蔓延した流行性脳炎（エコノモ脳炎：現在ではインフルエンザ脳炎ではないかと推測されています）から回復した子どもの多くが多動を示したころから、そうした考えはますます信憑性を帯びるようになりました。

そして多動と注意力低下を来す子どもが一定の割合でいること、その子たちの臨床像が似ていることから、1980年代になって「注意欠陥多動性障害」という障害が医学的に認知されてきました。

注意欠陥多動性障害の医学的認知に先駆けて、1943年にはアメリカのレオ・カナー医師が、人とのかかわりが持てない子どもたちのことを初めて医学雑誌に記載し、「自閉症」という診断名を提案しました。自閉症の子どもの多くは知的障害も伴っていましたが、中には知的障害を伴わない子どももいることが分かり、知的障害や肢体不自由といった古典的な障害概念に含まれない「発達障害」という概念が確立されました。

発達障害には、自閉症（自閉スペクトラム症）、注意欠如・多動症）、そして文字の読み書きに困難のある学習障害（限局性学習症）などが加わり、現在に至っています。

落ち着きや社会性は幼児期にはまだ十分発達していない心理的特性であり、「子どもらしさ」の証左であるとして、高名な発達心理学者から、発達障害は医師が作り上げた人工的な障害であると批判されることが過去にありました。また、一部の発達障害（時に注意欠陥多動性障害）では、薬による治療を行うために、小児に脳に働く薬を使用する、といった批判が現在でもあります。

発達障害を持つ子どもの症状は、主に集団活動の中での「気になる」行動として表れます。集団に入れない、指示が通らない、他の子どもと遊べない、ルールが分からない、表情やボディーランゲージでコミュニケーションがとれないなどの気になる症状があるために、「気になる子どもたち」と称されることがあります。

発達障害を持つ子どものことが、保育現場において関心を持たれるように

なったのは、下記のような理由によります。

・保育がやりにくい（集団活動ができない、衝動的である、コミュニケーションがとれない）

・多くの子どもにその特徴が見られる（子ども全体の7％前後）

・保育だけではなく、長じて小学校に入ると学業上の困難がある（授業に参加できない、授業についていけない）

医師による「子どもらしさが顕著な普通の子どもに対して人工的に作り上げた障害である」という考えは、現在では少なくとも医学界では支持をされなくなりました。その理由は、第一に発達障害を持つ子どもの脳内の過程の研究（脳科学的研究）によって、一部の高次脳機能の低下や変化が明らかにされたことです。さらに、多くの発達障害の特徴を持つ子どもは、その行動特徴のために社会的な不適応を起こし、うつ、不安障害などの二次障害を高い確率で生じて

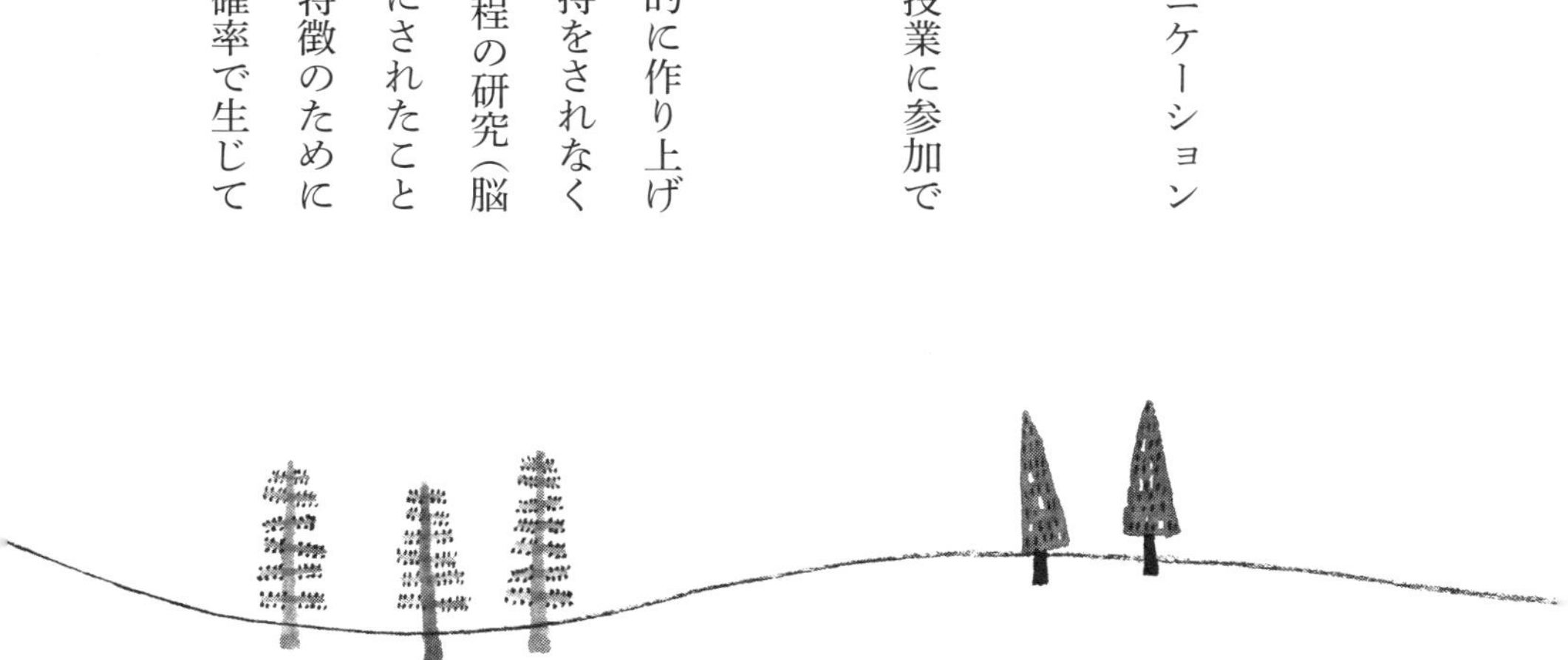

くることが明らかになったことから、保育や教育現場における困難を軽減するためだけではなく、二次障害を未然に防ぐために有効な対応（治療、療育など）が必要であることが分かってきたのです。

日本では発達障害児と呼ばれていますが、諸外国では「特別なニーズのある子ども」という呼称がよく使われます。障害という言葉によって連想される状態よりも、むしろ独特の個性と見なしたほうが良い場合が多いのです。

発達障害を持つ子どもも、発達障害を持たない子どもも一緒に教育（保育）するインクルーシブ教育が適切であるという考えに基づき、日本は国連の障害者の権利に関する条約を批准していますが、残念なことに実態は、障害を持つ子どもを特別支援学校（学級）などで「分けて」教育する体制です。ただ、保育園や幼稚園では従来から統合保育が行われており、ある意味で保育の現場は、日本でインクルージョンが生きている場になっているといえます。

いうまでもなく、幼児期は豊かな人生を送るためのさまざまな社会情動スキ

ルや自尊感情を育む時期であり、そのことは定型発達児だけでなく「気になる子」にも当てはまります。

保育の役割

気になる子ども、あるいは発達障害を持つ子どもにとって、保育の果たすべき役割は何でしょうか？

私は次の三つが、気になる子どものために保育が果たす役割ではないかと思います。

第一に、小学校以降「分けられて」しまう可能性のある発達障害を持つ子どもと、そうでない子どもが同じ場所で一緒に過ごす場所を提供することです。現在の日本の特別支援教育体制では、発達障害を持つ子どもと、そうでない子どもが一緒に過ごし、互いに知り合う機会が極めて少なくなっています。教育現場におけるインクルージョンは、異質な存在を排除しがちな国民性を乗り越え

るための経験となるはずです。

第二に、小学校以降どうしても低下してしまいがちな自尊感情を、楽しく遊びながら高めていく場所となることです。定型発達児に比べて発達障害を持つ子どもは、自尊感情が育ちにくいことが分かっています。子どもたちのありのままを受け止めることのできる保育は、子どもたちの自尊感情を高めることが可能です。

第三に、多くの子どもたちとのかかわり合いの中で保育者が身につけた経験知による、気になる子どもの特性への気づきを、保育の「プロセス」の質に生かすことです。発達障害を含めた子どもの特性を見立てて、保育のプロセスの質に転化する営みが極めて重要です。

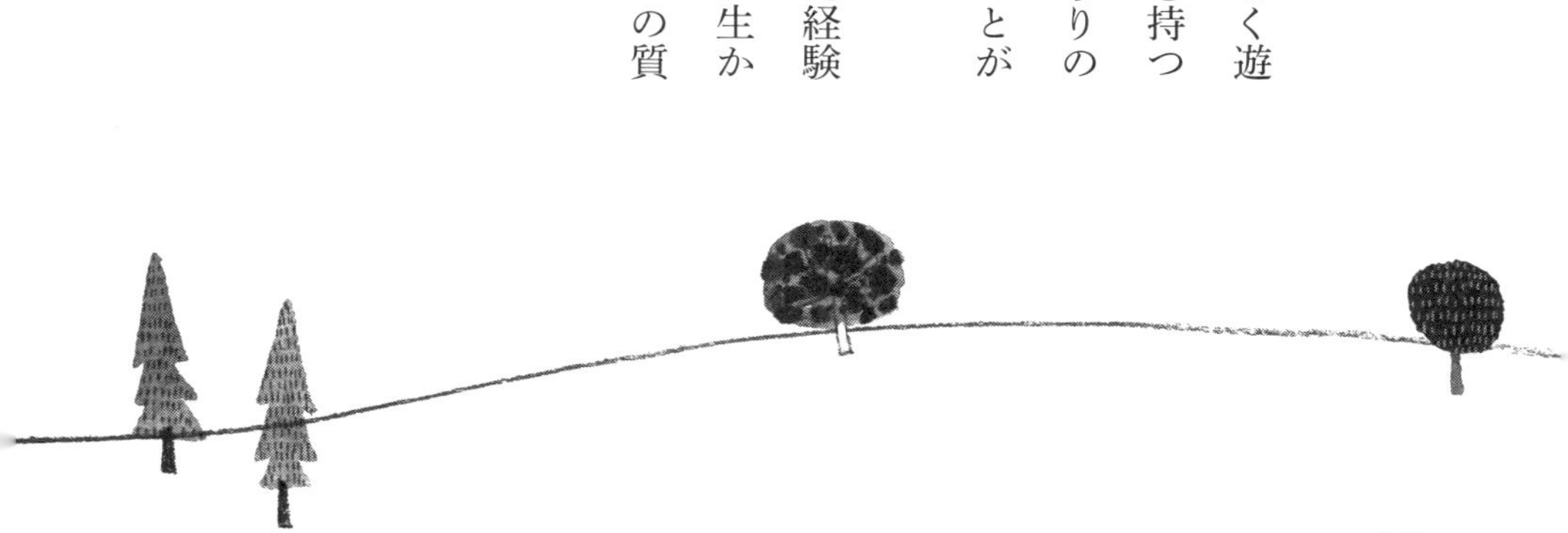

ことばの育ちと支援

中川信子
Nobuko Nakagawa

「人は分かりあうために話すのです」

赤ちゃんが「ママ」とか「マンマ」とか言えるようになると、周りのおとなはとても幸せな気持ちになります。これまでも赤ちゃんからの表情や動作や発声による発信を読み取り、応えてきました。まなざしや声によって、気持ちの交流もできていました。でも、今後はことばによって分かりあう世界が始まり、広がってゆくと思えるからでしょう。

ことばを使って、今よりももっと分かりあえるようになりたいと願うからで

しょう。

「ことば」の3つの意味

「ことば」には3つの意味があります。

①話しことば、音声言語（speech）
②言語知識、内言語（language）
③コミュニケーション意欲（伝えたい気持ち）です。

リンゴを見たことも食べたこともない子どもは、リンゴという言語知識（②）がないので、「リンゴ」と言う（①）ことはありません。また、たとえ「リンゴ」という果物を知っていて、「リンゴ」と発話する能力があっても、伝えたいと思う相手がそこにいなければ「リンゴ」とは言わないでしょう（③）。

実用的なことばは、人と人との間に成り立つものであり、相手の存在が不可欠です。

ことばの発達と周囲の環境

子どものことばの育ちに関する大事な法則の中に、「子どもの発達は、子どもの持つ生まれつきの力と、周囲の環境との相互作用の中で促進される」というものがあります。

ことばの育ちにとって重要なのは、周りのおとなのかかわりです。周りのおとなのかかわりとして、最初に思い浮かぶのは「ことばかけ」ですが、その前に、もっと大事なことがあります。

Nature has given us two ears but one tongue. To hear more than to speak.

天は私たちに舌を一つ、耳を二つ与えた。

話すより多く　聞くために

人と人とのコミュニケーションにおいて、もっとも大切なのは相手のことばを「よく聞くこと」、相手の気持ちを「聞き取ること」です。

「ことばの育ち」の前提＝身体と心を整える

「ことば」は、大脳が受け持つ高次な機能です。しかし、大脳はより下のレベルにある「身体の働きをつかさどる脳＝脳幹」「心の働きをつかさどる脳＝大脳辺縁系」の働きに支えられています。ですから、身体が健康で、心が安定していることが、ことばの育ちの前提条件なのです。そのことを示したのが「ことばのビル」(図1)です。

ことばの育ちにとって大事な

図1

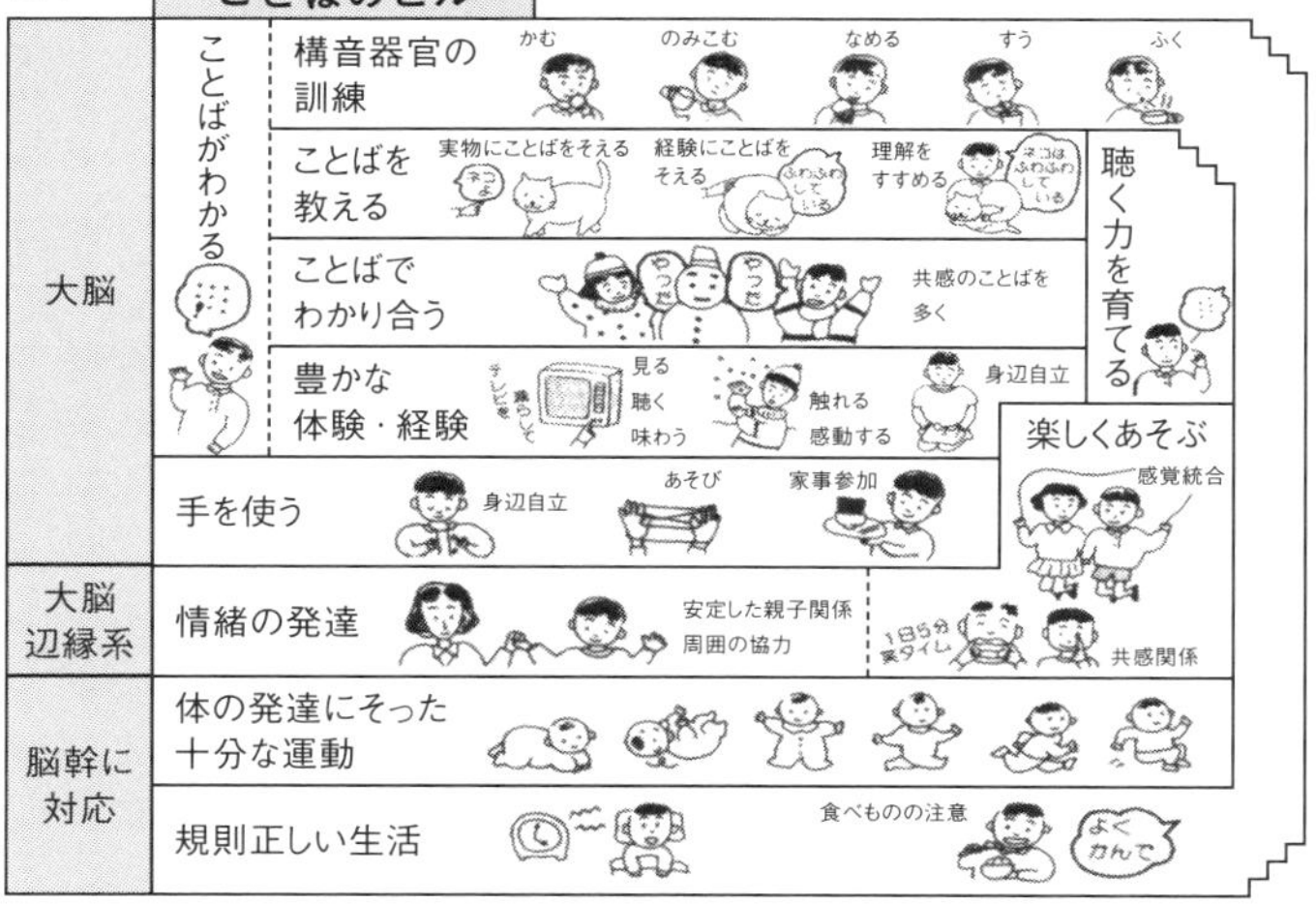

『1、2、3歳 ことばの遅い子』（ぶどう社）より改変

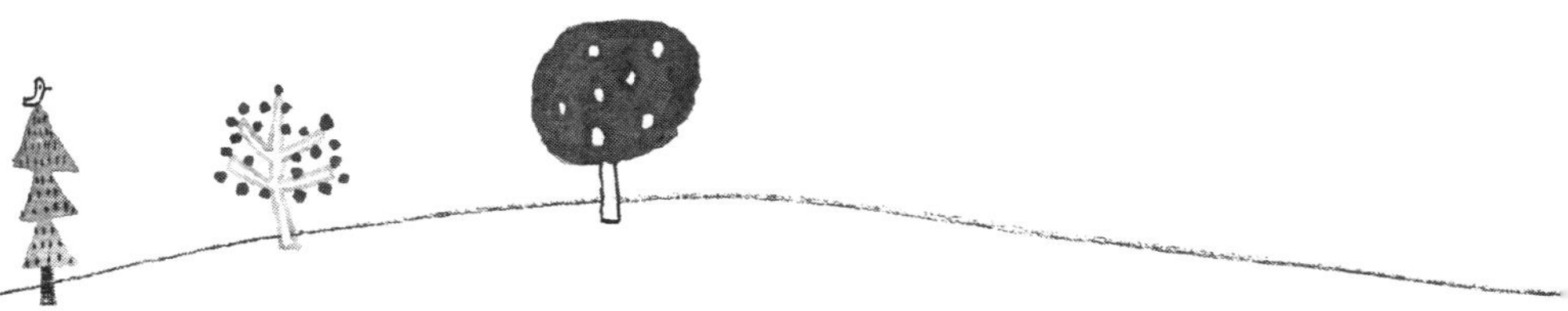

ことは、即、子どもの育ちにとって大事なことと言えます。

ことばの発達初期には個人差が大きい

ことばの発達初期には、個人差がとても大きいものです。「ママ」とか「マンマ」など、最初のひと言を言う時期ですが、早い子は8ヶ月、9ヶ月で言い始め、ちょうど半分の子が言えるようになるのが生後12ヶ月。そして90％の子が言えるようになるのは、ほぼ1歳半ころです。逆に言えば、1歳半でもまだ10人に1人はひと言も言わないわけで、2歳で話し始めた、2歳半で話し始めた、という子がいても不思議はありません。ことばが増え始める時期、2語文が出る時期にもかなりの幅があります。（『DENVER Ⅱ―デンバー発達判定法―』社団法人日本小児保健協会編　日本小児医事出版社　2003年）

ことばの育ちを支えるために大人にできること

(1) からだを使う遊び

「ことば」(音声言語)を焦らず、まずは、からだを使う遊びを通して豊かなコミュニケーションを楽しむようにします。

詳しくは触れませんが、発達障害のお子さんへの有効性が徐々に認められ、広がってきている「感覚統合」という考え方があります。これは、「脳に流れ込む刺激の交通整理」と表現することができます。

追いかけっこ、お馬さんごっこ、いないいないばあ、手遊び歌、ぎゅっと抱きしめる、など、昔から子どもを喜ばせるためにおとなが行ってきた遊びの数々、また、ぴょんぴょん跳ぶ、くるくる回るなど、子どもが自分からくり返す遊びは、「感覚統合」という視点からとらえ直すと、ひとつずつに意味のある、大切な遊びです。

発達障害とは言えないまでも、ことばが遅い、あるいは、コミュニケーショ

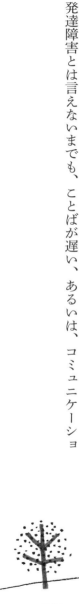

ンが希薄な子どもたちが気になる昨今です。通常の子どもの生活の中にも、思いっきりからだを使う遊びを意識的に増やしてあげたいものです。

（2）豊かな実体験

体験したことのないものは、脳の中の「ことばの引き出し」に入れることができません。なるべく、ナマのからだで、ナマの体験や経験をさせ、そこで適切にことばを添えることが豊かなことばを育てることになります。

（3）「ことばかけ」

毎日の生活の中で自然に行われる「ことばかけ」ですが、次の点を意識してみましょう。

①あいさつのことば

「おはよう」「いただきます」などのあいさつは、状況とことばがセットになっているので覚えやすいものです。適切なあいさつは社会に交わるための大事な入り口になります。

②オノマトペ、かけ声など

日本語の特徴のひとつでもある豊かなオノマトペ（ぺろぺろ、ドキドキ、ワンワンなどの擬態語、擬音語などのこと）や、「えいっ」「ヨイショ」などのかけ声を意識的に使うことで、気持ちを共有することができます。

③子どもの視線の先にあるものに注目

子どもの視線が向く先には、子どもの気持ち（注意）が向いているものがあります。その「もの」におとなが目を向け、「ワンワンだね」「消防車いたね」と話しかけるようにします。

気持ちを受け止めてもらった、という思いが、さらに発話意欲、コミュニケーション意欲を高めます。

④子どもの気持ちや、やっている行動をおとながことばにする（パラレルトーク）

おいしそうな顔をしている時に「おいしいね」、犬にほえられて驚いてしまった子に「ビックリしたね」と声をかけます。子どもと平行（パラレル）な、横並びの関係になって声をかける、という意味です。

自分の気持ちを分かってもらえた、という安心感も得られるので、大きくなっ

ても大切なかかわりです。

⑤ゆっくり、はっきり、くり返して

子どもの聞き取り能力は未熟です。ゆっくり、はっきり、くり返して話すように心がけましょう。「あなたの話し方で伝わらない子には、その子の聞き方で話しましょう」ということです。

おわりに

言語臨床の世界では「ことば、コミュニケーションはキャッチボールです。ドッジボールではありません」と言われてきました。相手のようすをよく見て、よく聞いて、想定される相手のレベルに合わせた強さの球を投げることで、二人共が楽しく遊べます。でも、いつまでも相手のレベルに合わせるだけではなく、時に少し強い球も投げてみて、共に高みを目指すことも必要です。

子どもと共にことばの世界を作り上げる営みは、おとなの側のセンスや感性

が試されると同時に、成長していく人としての子どもの力をどこまで信じることができるのか、自分に問いかける作業とも言えるでしょう。

汐見教育人間学における「書く」ということ

吉田直哉
Naoya Yoshida

「責任」の主体をめぐる汐見の教育＝倫理学

教育人間学者・汐見稔幸は、自分自身のことについて書く、書きながら考える、書きながら対話するということを実践してきた。人文諸学、社会科学など、隣接諸領域の「古典」と対話しながら、人間の条件を問うこと。教育を、その他の社会的な営みから孤立したものとして見るのではなく、教育学の知を、他領域との往還関係、相互作用の中で編み上げていこうとする営み。隣接諸領域と対話しつつ、対話としての教育の営みを解きほぐそうとする試みこそが、汐見

の教育人間学である。

汐見の著作もまた、体系的というより、対話的であり、それは多義的な解釈に開かれている。それゆえ、汐見の著作を読むということは、汐見が何に向き合っているのか、何を問題にしようとしているのか、何について読者と語り合おうとしているのか、と読者が一人ひとり、自らに問いかけるということでもある。汐見が迷いながらも語り出す言葉を傾聴し、それに対して、読者は応答することが求められる。汐見を読むということは、彼が果たそうとしている「責任／responsibility」に、読者が応答《レスポンス》するということである。

汐見の教育思想は、「自分たち一人ひとりを超えた何か」、「歴史」とか「人類」、「宇宙の摂理」などと言われるような超越項への「責任」を、人間がどう果たすか、という問題を軸に組み立てられてきた（汐見 1993：p.105）。「地球」「人類」というような、グローバル、ユニバーサルな存在への責任と、歴史、社会、文化といったような、人間が創り上げてきた遺産、財産を継承するという責任。汐見によることばの教育論は、まさしく、ことば、文字、文学といった、人類

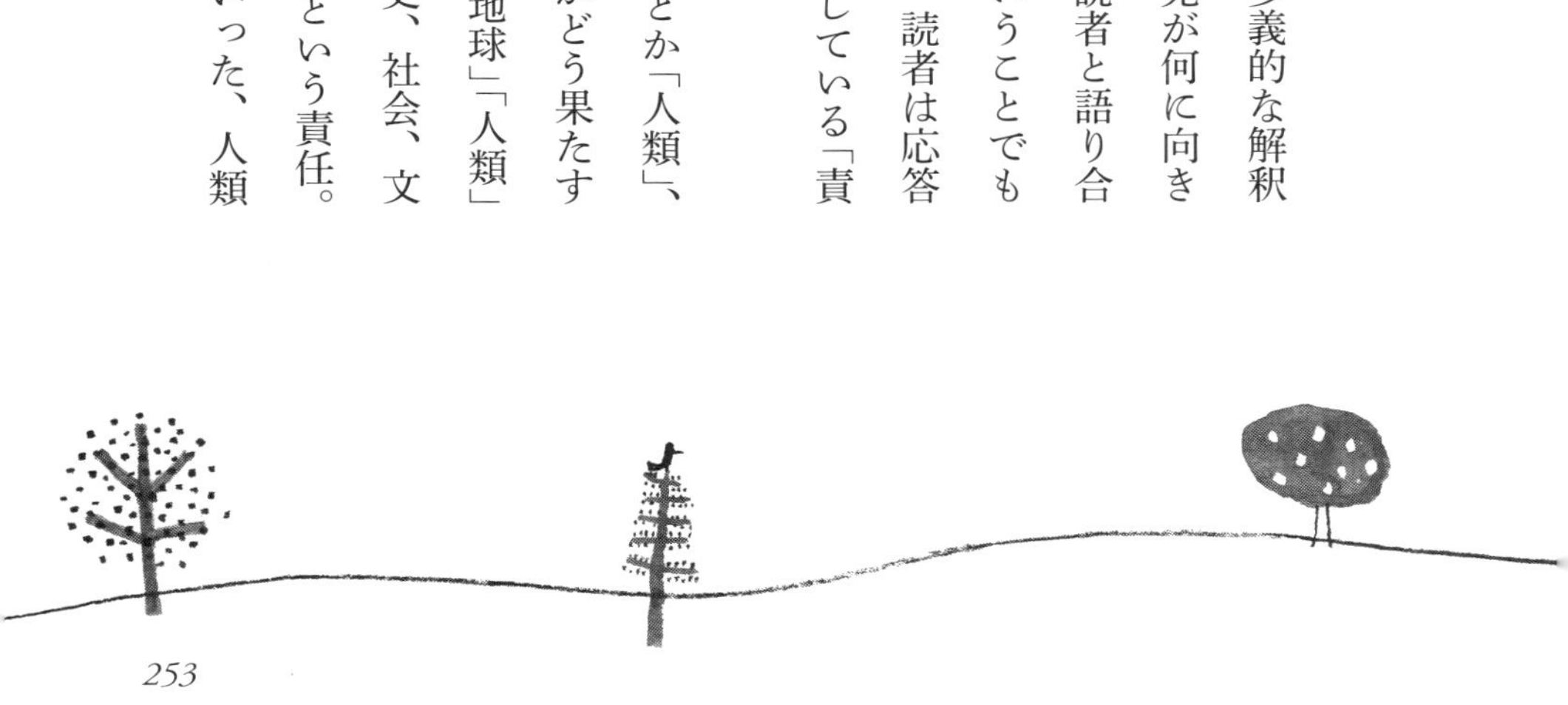

の創り上げてきた文化の継承という責任を果たそうとする倫理的な努力にほかならなかったのである。

ことばの獲得と、〈歴史＝文化的主体〉としての自己の確立の関わり

汐見はつねに、教育を、社会というマクロな文脈の中に位置づけて捉えようとしてきた。それゆえ、社会の変動の中で教育が激しく変化していくという事態を鋭敏に捉えようとし、それについての発言・対話を続けてきた。汐見が、１９７０年代から９０年代にかけて注視し、批判的なまなざしを向け続けたのは、早期教育ブームであった。本節で見ていく文字教育、ことばの教育に関する議論は、その早期教育に関する議論と交差していた。汐見のことばの教育論、文字教育論は、まさに、この早期教育ブームの中で、子ども自身の意欲が軽視されているのではないかという懸念の中で書き継がれてきたものである。

汐見の教育学研究の出発点は、まさにこのことばの教育に関するものであっ

た。彼は、１９７８年の修士論文（「ことばの獲得と主体形成：生活綴方教育のとらえ直しを目指して」）の中で、戦前、東北地方の過酷な生活の実態を、児童たちが文章に綴ることで、客観的な社会認識、自己認識を育てようとした「生活綴方」の歴史を振り返りながら、子どもにとっての、ことばを獲得することの意味を考察しようとしている。

修士論文を元にした論文（汐見 1981b）の中で、汐見は、ことばというものが、子どもがそれを発するようになる以前から、歴史的な経験の中で創り上げられてきた意味の層をもった、文化的な産物であるということを強調している。彼によれば、ことばの意味を知るということは、「ことばの意味する潜在的な内容を、自らの経験を人類の歴史的な経験に重ねながらたえず再発見していくということ」（汐見 1981b：p.308）であり、「ある語の意味を不動として固定させず、経験の世界に問いとしてひらきながら、たえず経験によって再発見していく――凝縮され沈殿させられて保存されている意味内容を少しずつ発見し、それを通じて人類と社会と歴史に参加していく――こと」である。汐見にとってことばとは、人類史の中で形成され、歴史上の経験を染め込まれた、いわば歴史的遺産、あるいは文化財なのであり、ことばを獲得するということは、その歴史的遺産を継承し、文化的営為の中に参加するということなのである。

「書きたい」という子どもの意欲を育む

ことばの獲得を、自己の発達論という枠組みの中で捉える汐見にとって、ことばを「書く」ということはいかなる意味をもつ営みとして捉えられていたのだろうか。以下では、文字を書くということ、文章を書くということの二点に絞って、汐見の述べるところを追ってみたい。

汐見にとって、子どもが文字を書けるようになるということよりも大事なのは、子どもが文字を書きたい、書けるようになりたいという意欲を抱くことである。というのも、「子どもの方に文字を覚えてみたい、使ってみたいという動機や意欲が育っていないと、文字を覚えることによってその子の内的、外的な

世界が新しく広がっていくというような獲得のさせ方をすることは不可能」だからである（しおみ 1986：p.100）。実物による教育の重要性を訴えたルソーの『エミール』を引きながら、汐見は「文字記号を早くから身につけることによって、書かれた内容の背後にあるもの、つまり事実の世界へ関心が向かわないで、ことばのうえだけで知ったつもりになるようなことは極力避けねばならない」と述べる。そして、「早くから文字を読み書くようになっても、そのことによって事実の世界よりそれがあらわされていることばの世界の方を重視するような心性や態度が幼い心に身についてしまえば、その教育はかえって人間をダメにしてしまう」という（しおみ 1986：pp.108-109）。

汐見は、ことばと事実との照応関係を大切にする心性をきたえることを重視する（汐見 1979：p.85）。ことばは、つねに、子どもにとっての生活の中の事実と向き合うものでなければならない。「綴字は、子どもにとって生活上どうしても必要な課題の中に含まれなければならない」というヴィゴツキーの言葉を引用しつつ（しおみ 1986：pp.115-116）、汐見は、「子どもたちの言語表現と

彼らの生活そのものとの緊張をいつも意識させるということ」の重要性を訴える（汐見 1979：p.93）。このように、生活とことばの関連づけを重視する汐見は、文字と、生活の中から生まれてくる子どもの「表現したい」という意欲とのつながりを、共に重視するのである。

書きことば・文章を書くということの意味

「書きことば」の教育学的意味について議論するに当たって、汐見は「文字そのものの教育」と「書きことばへの教育」を分けることを提唱する（しおみ 1986：p.131）。ここで汐見が「書きことば」というのは、単に文字だけではなく、「文字を使って作り出された新たな文化の世界や、さらにはそういう文化の世界に参加する活動（書く、読む）」も含むものである（しおみ 1986：p.133）。

汐見の見るところ、「書きことば」には、「話しことば」の直接性、対話性とは異なる性質がある。「書きことば」は、「『話しことば』とはちがって、目に見え

ない他者と交流する、他の人を介さずに直接孤立した関係のなかで著者や自分とまじわる、というような性格が強く備わっている」（しおみ 1986：p.135）。つまり、「書きことば」は、目の前にいない三人称の他者との交流、対話の過程を含んでいるというのである。「書く」ということは、誰かに向けて書く、という行為である。「自分の書く行為と作品を受け容れ認めてくれる（当然、批判という形での受け容れを含めて）存在がより抽象化された形で、やはり存在するのではないか」（汐見 1988：p.171）。ただ、その相手、他者は、具体的に眼前に存在するわけではない。そのような三人称の他者に向けては、自己が、その他者にとっての三人称的他者であるということを意識して書く。それは、自分から距離をとることでもあり、距離をとった他者に自分を客観的・抽象的な形で差し出すこと、汐見の言い方では、「少し距離をとってものや人と対置する自分をつくりあげていく」（汐見 1988：p.172）ことでもある。汐見にとって「書く」ことは、三人称の他者と向き合う、客観的な自己を確立したうえで、初めて可能になることなのである。その抽象化された他者が、自分の「書く」という行為

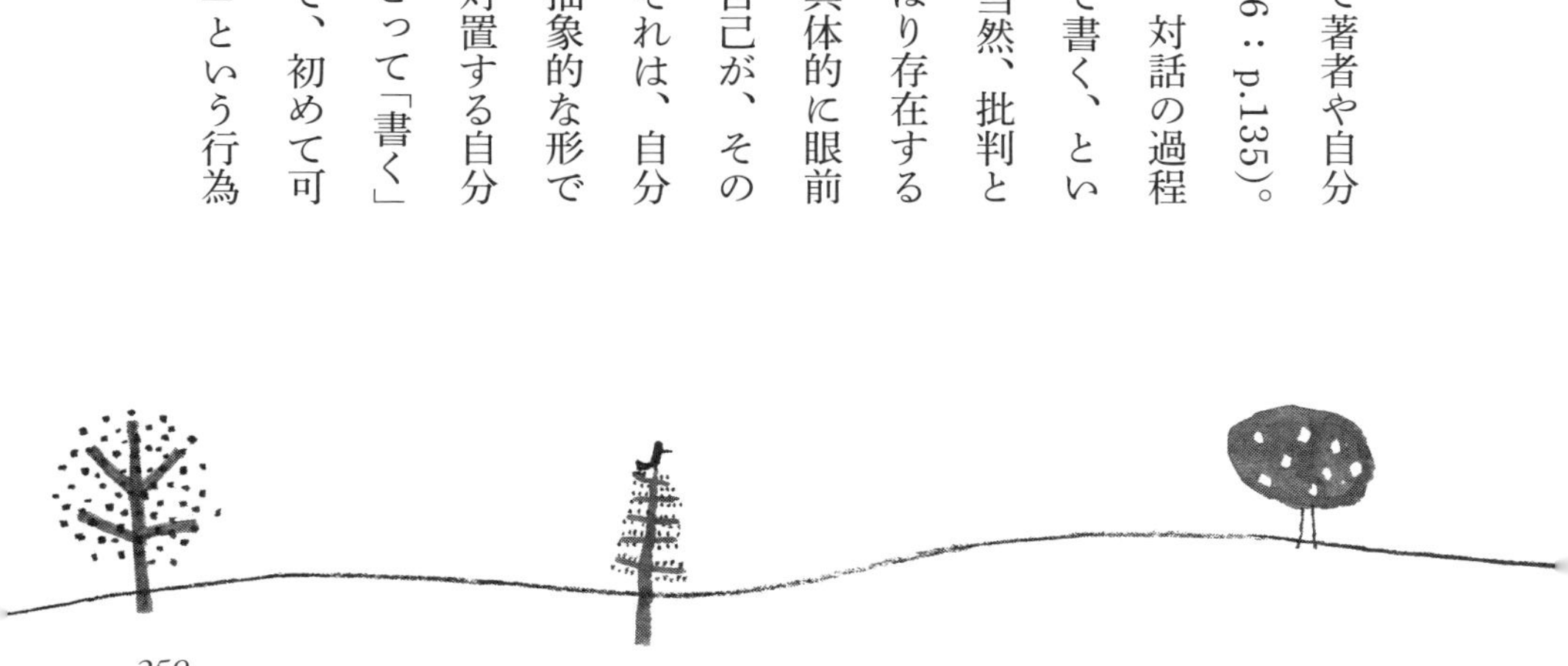

を承認してくれるはずだ、という信頼が生まれたとき、人は書こうとする、と汐見は言う。「集団における他者の目、評価をいわば内面化したような自我の部分が、人間が書くという行為を励まし、動機づけているのではないか」（汐見 1988：p.171）。「G・H・ミード流に言えば他者の態度の内面化としての『他我』（me）」、あるいは「社会的自我が、書くということを励まし動機づけている場合に、人は書こうとするのではないか」（汐見 1988：p.171）。

さらに、「書く」ことは、外部に存在する三人称としての他者との対話だけでなく、自らの中に他者としての自分を宿らせ、その内部の他者、いわば「もう一人の自分」と対話することをも求めてくる。「書く」ことができるようになるためには、「書いている自分と、それを眺める自分を観念の内で分裂させることが要求される」。そして、その「二つの自分の視点、立場を交差させ、討論させ、その成果を文章に反映させる」（汐見 1979：p.82）ことができなければならないのである。

そこまでして人が「書く」のは、複数の他者との仮想的な対話の中で、自己と

いうものを、書かれた物語として構築し、確認するためではないか、と汐見は言う。「人はなぜ書くのか」という問いに対して、汐見は「人は自分の生を有意味で合理的なものであると確認したいがために、過去のできごとの記憶素を素材にして作品を創造」しようとしているからではないか、と答える（汐見 1988：p.175）。つまり、「書く」ことは、他者に対して、自分なりの言葉で、自分についての〈物語＝作品〉を編み上げ、提示することなのである。「書く」ことによってこそ、自分の生、すなわち自己は、物語として、初めて立ち現れる。つまり、「書く」ことは、内なる他者との交流でもあるし、抽象化された他者へと、自らの物語を届けようとすることでもあると同時に、さらに、過去の自分と対話しながら、今・ここの場において、物語として新たに語り出され、紡ぎ出される自分自身と対話することでもある。

　汐見にとって、「書く」ことは、時空を隔てて、他者と、そして自己と対話するということである。かつての自分との対話、内なる他者との対話、そしてまだ見ぬ他者との対話。教育人間学者・汐見稔幸は、対話としての「書く」という

行為を、自らの学問的方法として選びとる。膨大な仕事を書き続ける汐見は、対話的存在＝「責任／responsibilityを負う人間」を育てることを目指す自らの教育人間学を、「書く」という自己との対話、他者との対話を紡ぎ続けることによって織り上げようとしている。

参考・引用文献

汐見稔幸〈1979〉「言語能力の発達と学習」『岩波講座 子どもの発達と教育5：少年期 発達段階と教育2』岩波書店
汐見稔幸〈1981 a〉「幼児期の文字指導と言語教育をめぐって：イメージとことばの観点から」『東京大学教育学部紀要』20巻
汐見稔幸〈1981 b〉「ことばの意味獲得と生活綴方：子ども研究の視点から」『教育學研究』48巻4号
汐見稔幸〈1988〉「書くことと『やさしさ』」茂呂雄二『なぜ人は書くのか』東京大学出版会
汐見稔幸〈1993〉『地球時代の子どもと教育：情報化社会における新しい知性とヒューマニズムを求めて』ひとなる書房
しおみとしゆき〈1986〉『幼児の文字教育』大月書店

第8章　これからの学校教育

フリースクールと多様な学び

奥地圭子
Keiko Okuchi

フリースクール〝東京シューレ〟を創設して34年になります。教育といえば学校教育しかイメージされないこの国では、学校外教育としてのフリースクール活動を、教育学としても位置付け応援してくださる教育学者は稀です。汐見さんは、大田堯さんとならぶ、そんな数少ないお一人で、私達はどれだけ助けられ、また心強く思ってきたかわかりません。汐見さんの子どもから出発する保育・教育を貫く原点は、学校外教育にも及ぶ高い普遍性がありました。

東京シューレと汐見さん

東京シューレ25周年祭開催にあたり、汐見さんに記念講演をお願いしたのですが、その時入院されていたにもかかわらず、病院から抜け出して来てくださり、驚きました。急きょ、会議用机とパイプ椅子を出して講演いただくことになりました。「子ども中心の教育〜子どもを信じるということ〜」の演題で、シューレの誕生前から、国府台病院で登校拒否の子たちに会い、感性豊かな子たちが「不」登校と言われ、何かいけないことをしているような言われ方を変えたい、この子たちと付き合っていこうと思ったという話に始まり、学校制度が近代国家の必要性でどのようにつくられていったかを詳しく語ってくださいました。江戸時代に庶民に広がり、子ども中心で存在した寺子屋はつぶされていき、時間・空間・言葉・内容を上から管理し、指示で一斉に動ける人を育てる学校ができていったなか、不登校は「原点に戻ろう」という子どもの訴えではないか、胸を張ってやっていってほしいと話してくださって、皆感動したのを覚えています。

また、東京シューレは、学校教育を変えたい、そのためにフリースクールの思想と実践を公教育に持ち込みたい、二重籍問題や公費支援の問題をいささかでも解決したい、等の理由から、「学校法人東京シューレ学園」の認可にこぎつけ、2007年、不登校の子どもの成長支援を行う「東京シューレ葛飾中学校」を開校します。子ども達も学校づくりの委員会を立ち上げ、保護者・市民も加わっての設立準備でした。その時、喜多明人さん、山下英三郎さんと共に、汐見さんにも発起人になっていただくことができ、よく「最強のメンバーね」と皆さんから言われました。

2006年1月25日には、設立発起人シンポジウムを開催しました。汐見さんは、応援しなければと思っていること、新しい可能性をもらったけれど社会的責任も生じること、違う原理でつくられる学校があるんだと言える大事なきっかけを手に入れたことを生かして、「多様な学校がある」と言えるようにする、そのためには子どもが本当に選んでいく、つくっていくことが必要と話されました。東京シューレがやってきたことが初めて公教育の一つの思想づくりとして結晶化していく時代に入ってきた気がする、と発言してくださいました。

私たちはさまざまな準備を進めながら、「学校づくり学習講演会」を連続開催し、2006年9月27日には、その第2回で汐見さんがお話しくださいました。申請に必要な六千万円の寄附が無事集まり、申請した時でした。

「子ども達はどんな学びを求めているか」について、「その答えを子どもが言ってくれるわけではないので、僕ら自身が『こういう学びだったらいいな』と面白いものを見つけ出すしかない」と。その一例として、地球の歴史45億年が体でピンとくるような話。徳川家康の時代は今から約450年前。45億年を1キロとすると、徳川は0.1ミリのところ。人類の誕生はたった1メートル先、恐竜はここ、とか。それを歩く――私は小学校教師時代、似た実践をやっていたので、驚きましたが――そんなふうに具体的に、海外の実践や、汐見さんが考える実践例を話してくださいました。

また、知識の私物化は違うよ、学び合って共有財産にしていこう、子ども達に本物の文化を体験してもらおう、「すげーっ」ってならないと子どもはやってみたいとはならないという話、さらに万葉集だ、プランクトンだ……と、汐見さんの知識と興味の豊かさには驚かされ、ヒントを多々いただきました。学ぶということは、社会を知る、他者を知る、自分を知ること――すると学びが大事だと、きっと子どもは思うだろう、そんなことを考えながら学び場をつくっていければいいな、とくくられました。

そして、葛飾中5周年祭を迎えた２０１２年6月24日、再び汐見さんに記念講演をお願いし、「本当の学びが生まれる時」という演題で話していただきました。新しいタイプの学校として社会に認められてきたなと感じ、うれしいと言ってくださいました。

また、教育には二つのモデルがあり、一つは、最初に先生がいるのではなく、最初に弟子（つまり子ども）がいるのが原型という話、もう一つのモデルが近代の学校で、コンパルソリー・エデュケーション（強制教育）であり、子どもが主体でなく社会や大人が主体になっている話をされました。戦前の綴方教室とある子どもの詩が紹介され、子どもは深い安心感、信頼感があった時学ぶものだという深い話でした。そして、大人は「教える」のでなく「隣る人」でいてほしい、と。また、「遊び」は混沌の中に秩序を創造していて、表現や学問も遊びとつながっている、とも。

私達は汐見さんに励まされ、やはりこの方向で実践していくことに自信と喜びを感じつつ、そこがまだまだ課題だと、話を聞きながら思いました。

それから、あっという間に10年が経ち、葛飾中では10周年シンポジウムを開くことになりました。早いうちにお願いし、開校時の発起人兼理事のお三人が日をそろえて出席くださったのはとてもラッキーでした。10年経って汐見さんは何をお話しくださるか、楽しみでした。

汐見さんは、まず祝福と敬意を示され、「葛飾中がやろうとしていることが歴史の流れに沿っていると感じる」と口火を切ってくださり、モンテッソーリによる6年・6年・6年の区切り方によると、思春期は感情の育ちに重点を置くべきと言っており、センスを磨いていくのが大事、子ども達に全部任せてみたら

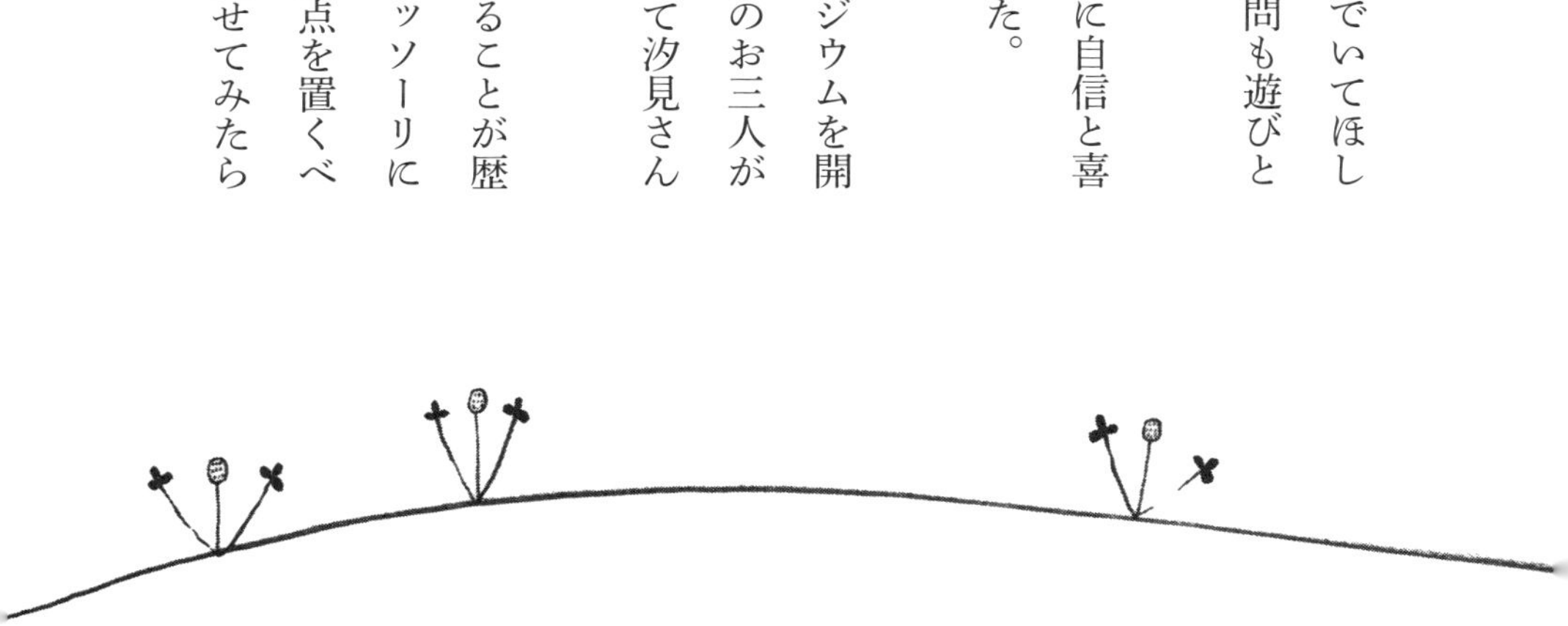

すばらしい学校ができるのでは、とお話しくださいました。

また、日本で公的に認められた学びの場が一種類しかないこと自体が時代に合わない、自分は学校がつまらなかったので友達の家の2階の屋根裏部屋を改造して実験をやっていた、僕は授業よりそういう勉強の方が面白くて、自分が興味を持ったものを見つけて、こうやろう、ああやろうと学んでいける学校ってないかな、と思ってきた、葛飾中でそれが少し実現するんじゃないか、そんな期待も語られました。

不登校する子に違和感はなく、「学校」の方が教育の歴史からいうと特殊で、本来の学び方に子ども達が戻ろうとしていること、自分のお願いとして、公教育だとどうしても枠にはまる、子どものニーズと枠の矛盾を上手にこなしてほしい。新しい学校づくりのモデルは、「カリキュラムは子ども達がつくる」なのだと思う。たとえばフレネ教育やイエナプランのように、午後は子どもでつくるとか、うまく組み込めないか――と、考える材料をくださいました。私も次の10年はそこだ、という気がしました。できたらそこまでいきたいものです。

普通教育機会確保法と汐見さん

２０１６年12月に成立した「義務教育の段階における普通教育に相当する教育の機会の確保等に関する法律」についても、汐見さんは大きくかかわってくださいました。フリースクール全国ネットワークには、不登校の子どもは学校復帰させせられるという苦しい状況や、子ども達が楽しく成長しているフリースクールといっても親の負担は大きく、経営は難しく、子どもがすでに通っていない学校でも、その籍を抜けないなどの現状があり、これらの問題を解消するためには根拠法が必要だと考えました。そこで、私達は新法研究会をつくり、1年間の研究の後「(仮)オルタナティヴ教育法」案に対し、多くの人の意見を聞くように動きました。また、シュタイナー、サドベリー、フレネなどの考えに沿ったオルタナティヴ教育関係者ともつながり、その結果、「多様な学び保障法を実現する会」を結成し、汐見さんには喜多さんと共に、共同代表になっていただきました。

しかし、役員会をどこでやれるかが問題で、汐見さんが最も多忙、毎回夜9時より新宿の喫茶店で行う結果でした。それでも、実現する会の結成集会、総会、立法段階での記者会見、また交流と質の担保を目指して開催し始めた「多様な学び実践研究交流集会」の講演等、要所要所で私達への方向性を示していただき、助言があり、教確法は成立をみることができました。

成立後に私達が出版した『教育機会確保法の誕生 子どもが安心して学び育つ』(東京シューレ出版、2017年8月25日刊)で、汐見さんは「序にかえて――普通教育における多様な学びの場の広がりの必然性」として、概要に次のような文を寄稿してくださいました。

①教確法策定でわが国の教育制度は新たな段階に進み始めたが、さまざまな課題解決に私達の智恵と姿勢が問われている。こうした問題を考えるために、一度原点に戻って教育という営みや学校という組織を考察したい。歴史的に見ると教育は教えを請いたい弟子が師を求めて始まってきた。

②近代の学校はそうではなく、国民を育てるという公的な目的をもった教育で公費教育だけれどある意味強制的に通わせるのが正当化されている。そうだとしても学び場が一種類しかないのは正当化されない。学校の多様化を図ることが必然の課題となる。

③国も教育再生実行会議の第5次提言を見ると、一種類しかない学校制度の限界に気が付き始め、多様化せざるを得ないだろうという姿勢が見える。これは歴史の必然であり、一条校以外の多様な学校が公教育を担う場であるともっと世に知られ、子どもと保護者の学び場を選ぶという教育概念がもっと広がっていけば、多様な学校があることが、社会の豊かさなのだと認識されるだろう。

汐見さんの存在に助けられて、教確法の見直しをさらに進めていきたい、また、本来の教育が実現していくよう、実践の場でももっと学んでいきたいと思います。今振り返って、同時代に汐見さんが存在してくださっていることは、実に幸せなことなのだと実感しています。

人間形成における文化の問題——「内的イメージの二重性・多重性」をめぐって

増山 均
Hitoshi Mashiyama

射程の広さと深さ

編集担当者から与えられたテーマは〈子どもと文化研究〉であるが、いざ執筆するにおよんで、このテーマで何を書こうかと悩まされた。それは、汐見さんが執筆してきた著書や論文、その全体が「子どもと文化」研究といえるものだからである。問題を見つめる汐見さんの視野は広く、その主たる活躍の場である幼児教育と保育においても、子育てと子育て支援においても、教育や子ども環境論においても、

そのすべてにおいて現代の社会問題・文化問題が論じられている。

「文化」をテーマやサブテーマに掲げた著編書、たとえば『保育と文化の新時代を語る――対談 汐見稔幸・加藤繁美』（童心社、1999年8月）や『保育学を拓く――「人間」と「文化」と「育ちの原点」への問いが響き合う地平に』（萌文社、2012年11月）においても、そこで語られているのは、現代社会における文化の問題であり、人間発達・育ちと文化との深い関連についてである。

振り返ってみると、汐見さんと出会ったのは、大学院生の時代に教育科学研究会（教科研）や国民教育研究所（民研）の研究会が最初だったと思うが、汐見論文とじっくり対話したのは、『岩波講座　子どもの発達と教育5 少年期 発達段階と教育2』（1979年10月）所収の論文「言語能力の発達と学習」であった。

同時代に生まれ育ち、社会教育学・子育て文化研究の道を歩んできたものとして、汐見さんの著書や論文からは学ぶものが多く、どうしたらこのように広く深い視点で、人間の育ちを見つめ、社会文化的視点から問題を論じることができるのかと、畏敬の念を抱いてきた。

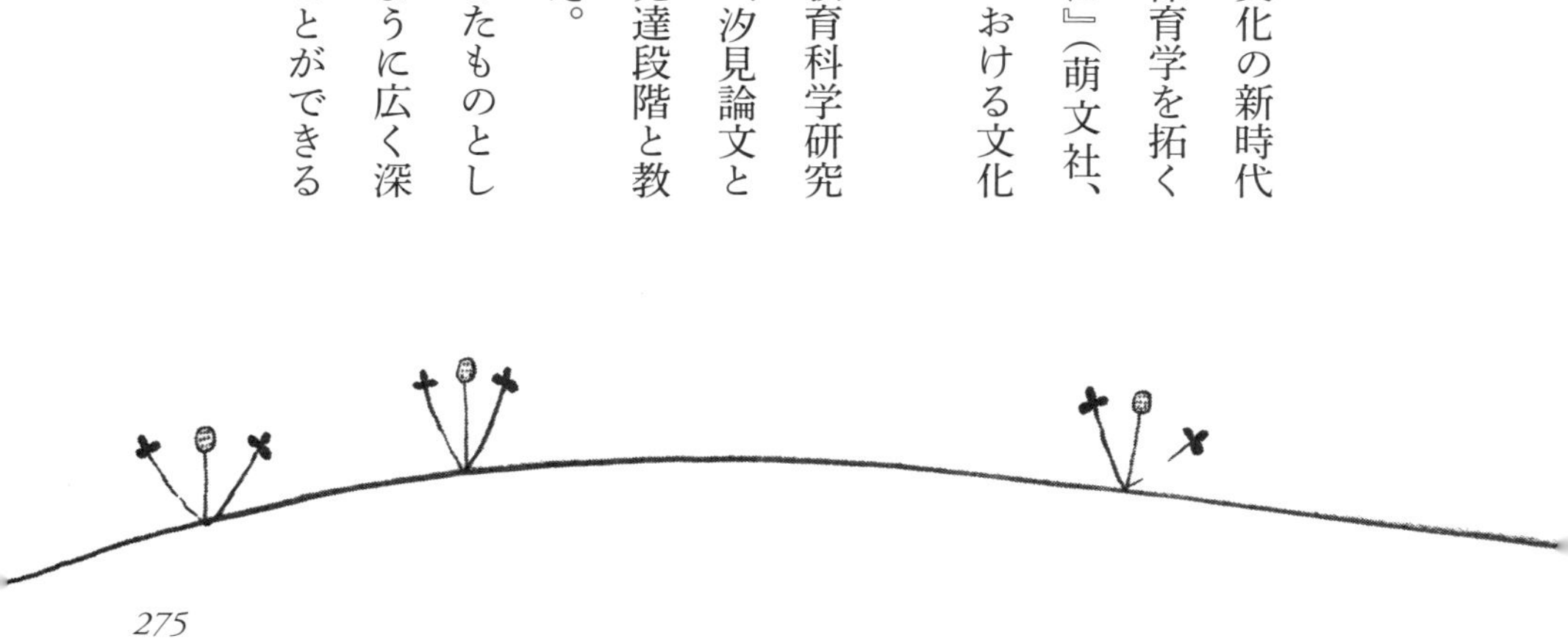

背景にある哲学と時代感覚

視野の広さと深さを生み出す秘密の一端を垣間見たように感じたのは、『喫茶店のソクラテス』（汐文社、１９８４年11月）、『公園通りのソクラテス』（同前、１９８７年５月）を手にした時である。「新時代工房 制作」と銘打たれたこの論文集は、私たちと同時代の研究者、特に哲学や思想史を専門とする新進気鋭の５人の研究者による、物質文化に溺れた現代社会へのラディカルな批判の書、「新しい時代の文化と感性の創造をめざす情熱のマニュフェスト」であった。

そこに汐見さんは、「自立のための学校」と「生命のリアリティー」について書いており、特に後者の「きみはニワトリを殺せるか？」への論評は興味深かった。著書のあとがきに執筆者を代表して佐藤和夫さんが書いていたことばを、同時代に生まれ育ち、研究の道に進んだものとして共感を持って読んだことを思い出す。「今ぼくたちをとりまいている文化、いいかえれば生活のしかたは、いろんな意味で、問題だらけだと思う。……ぼくたち五人は、みな戦後に生まれたものであるが、同時に、日本の『高度成長』期以前の社会がどんなものであったかを生活として経験している。だから今のライフスタイルだけが絶対的なものだとは思わない。それどころか、現在の生活はちょっとおかしいと思っているし、狂っていると考えている。もうこんな生活とは、みんなで縁を切ってしまいたいのだ。……これまでの教育、これまでの消費生活、男女関係、友人関係などに、はっきりと訣別し、新しい生活と文化に向かって第一歩をふみだそうではないか。」

同世代の哲学研究者の論文を読みながら、汐見論文がつねに社会文化的視野の広がりを持っているのは、現代社会への強烈な批判意識があるからなのだと、そして同時に汐見論文の背後には哲学、すなわち問題・課題をラディカルかつ原理的に考える視点があるからなのだと悟った。

「文化」をめぐる仕事の接点

あまり多くはないが、「文化」の問題で汐見さんと仕事をしたことが何度かある。

それらはいずれも「子どもの文化研究所」に関係する仕事であったと思う。たとえば、同研究所の30周年を記念して「文化環境・文化運動の今までそしてこれから」と題する座談会が開かれた折、寺内定夫さん（おもちゃデザイナー）、広瀬恒子さん（子どもの本研究会事務局長）と同席し、片岡輝さん（子どもの文化研究所所長）の司会で、そのテーマを語り合った（『子どもの文化』１９９９年11月号）。その際には、「これからは、作品を作るという分野でも、子どもの素朴な声を聞き、コミュニケーションを取りながら、新しい文化を作りだしていくということが求められてくる。……その場合に大人の側が子どもの要求の何が本当に必要なのか、大事なのかを見極める目と力を持つことがポイントになる」というような見解を共有したことを思い出す。

さて、汐見さんの〈子どもと文化研究〉における発信の中で、最も重要だと思われる提起は「古田足日の文化的人間形成論――心の二重性をめぐって」の中にあると思う。この論文は、子どもの文化研究所の企画によって、古田足日の貴重な論文「子どもと文化」（『講座現代教育学の理論〈第2巻〉――民主教育の課題』（青木書店、1982年4月）の今日的な継承と発展をめざして、児童文化・児童文学、発達心理学、教育学、社会学、人類学、都市計画論の研究者が古田論文の意義と課題を検討した論文集『ファンタジーとアニマシオン』（童心社、2016年11月）に寄せられたものである。同著の編者は、私と汐見さんと加藤理さんであるが、企画と編集の実務において、我々よりも年齢の若い加藤さんにお世話になって出来上がったものである。

文化の内面化と内的イメージの二重性

この著書に寄せた論文の中で、汐見さんは古田が提起していた問題について「院生を卒業したばかりの駆け出しの卵研究者には、古田の提起の意味を深く受け止める力はなかった」と反省的に書き起こし、「この論文執筆当時、古田に正当な反応、評価ができなかったことをあらためてお詫びしたい」と結んでいるが、三十余年の月日を経て改めて古田論文と向き合って、汐見さんが古田の提起から取り

出したものは何か。それは、人間形成における文化の内面化のメカニズムの解明の問題であり、そのキーポイントとしての「脳の働きの二重性」の問題である。

汐見さんはこの論文の中では「心の（イメージの）二重性」「意識の二重性」「内的イメージの二重性」という表現も使っているが、「大脳皮質の情報処理」である意識のレベルと、「脳の深部の生命機能にもっと近いところでの情報処理」のレベルに注目し、特に後者の側面において、時を忘れて没頭する子どもの遊びや「精神の集中・躍動、美的経験（古田足日）」をもたらす文化が人間形成に果たす役割を析出したのである。この後者の側面については「心の世界」と区別して「魂の世界」「スピリチュアルの世界」として注目されるようになっているが、古田論文の提起は、現代の教育論（学）があまり問題にしてこなかった課題のラディカルな批判的提起だったと汐見さんは受け止めている。

そしてそれらを、次のような言葉で要約している。「古田が『子どもと文化』論を考察しようとしたのは、一言で要約すれば、人間の意識の二重性というか多重性の承認ということであったといえよう。人間の心の深部には、いのちの営みそ

のものというしかないような、文化によって社会的に枠づけられたりする以前の、その子のＤＮＡを介して人類から受け継いだ生命の働きがある。普段は淡々と自律神経や本能的欲求の働きをさせ得ているだけだが、そこに独自の情報処理や価値付けの働きが必要な時が生じる。それが豊かに働いている時、人は生きる喜びをいのちそのもののレベルで感じる。……遊びの充実感もそこで司られているのではないか。……あわせて文学を体験する部位もそこにあるのではないかといいたかったのではないか。」

人間形成における文化の役割・機能の解明の課題は、一筋縄ではいかない。「意識」「イメージ」「心」「魂」の厳密な検討とそれらの相互関連の解明が求められよう。しかし、古田論文の解読から導き出した汐見の視点――「内的イメージの二重性」の問題、「多重性」の問題は、〈子どもと文化研究〉の重要な切り口なのではないかと考えている。

「教育」の質のゆくえ

寺脇研
Ken Terawaki

明治以来、大正、昭和と、日本の学校教育は常に「教育」の視点だけで語られてきた。国家や学校や教師が子どもを教育するというのが全ての基本。そうした意識の転換を初めて求めたのが、昭和の終わり、1987（昭和62）年に出された臨時教育審議会（臨教審）答申だった。

臨教審は84年から丸3年にわたり濃密な調査や議論を重ねた結果、「21世紀に向かって社会の成熟化への展開、情報中心の科学技術への転換、新しい国際化への移行の時期にさしかかっている」との未来展望に立ち、個性重視の原則を掲げ、各々が生涯にわたって能動的に学び続ける「生涯学習社会」の実現を提言した。その上で小中高等学校の教育は生涯学習の基盤と位置づけ、教育する側に向かい、学習する側の主体性を意識するよう求めたのである。

21世紀を見据えたその結論は、ひとことで言えば学校教育の〈質〉の見直しでもあった。

それまでの「教育」の視点は、どれだけ教えるかの〈量〉ばかりに目が行っていた。これに対し「学習」の視点を重視する臨教審答申は、可能な限り個性化、多様化を目指し、画一一辺倒でなく個々人の興味、関心、能力、適性に応じた個別化教育と能動的学習を取り入れていくことを要求している。

それに従い学校教育の場でも、92年度から実施の前々指導要領以来、「学習」の視点が徐々に取り入れられるようになってきた。92年に小学校低学年に導入された「生活科」は、そのはしりだと言えよう。中学校には授業を受ける科目を生徒の状況に合わせて学校が選択できる時間が、全授業時数の10%〜26.6%用意された。また月1回（95年から月2回）の学校週五日制が始まり、地域や家庭での学習にも目が向けられるようになった。

とはいえ、臨教審答申から時間的に十分な準備期間がなかったため、〈質〉の変化は限定的でしかなかった。

続く２００２年度から実施の前指導要領は、中央教育審議会での専門的な議論を経るなど十分な準備の下に導入された。この指導要領では、「生活科」に加え小学校３年以上の全学年にも能動的学習のための「総合的な学習の時間」を設けるとともに、習熟度別学習の実施を可能にして画一一辺倒の打破にも途を拓いた。初めて本格的な〈質〉の改革に着手したのである。

ところが、それまで〈量〉の議論に終始していた日本社会は〈質〉に目を向ける意識が乏しく、〈量〉の変化ばかりが騒がれることになる。「総合的な学習の時間」や習熟度別学習の実施のためには、画一的に全員に修得させる教育内容は削減せざるを得なかった。また、家庭や地域での学習をうながす完全学校週五日制の実施で授業時間が減少したことも〈量〉の縮小を印象づけた。かくして、マスコミから「ゆとり教育」とのレッテルを貼られ、学力が低下するとの批判の嵐を招くことになる。

その結果、11年度から実施の現行指導要領は「脱ゆとり」と喧伝された。指導要領準備段階の06年に政権の座に就いた安倍晋三首相が、教育再生会議などで「ゆとり教育」批判を重ね、それからの脱却を公言した影響が大きい。しかし、文部科学省は〈質〉を変化させる方針は一貫して変わらないと主張し、批判に応えるため〈量〉を多少増やすことで乗り切ったというのが真相である。

20年度から実施の次期指導要領の議論は、12年に政権に復帰した安倍首相の下で行われた。〈量〉の点で「ゆとり教育」を排撃した安倍政権も、08年のリーマンショック、11年の東日本大震災と原発事故を目の当たりにし、さらには人口減少、高齢化やＡＩの時代が到来する未来予測が明確になる中、〈質〉の転換が急がれることを認識せざるを得なくなったのだろう。

これまで一貫して目標とされてきた知・徳・体にわたる「生きる力」の育成を引き続き目指す中、今回強調されているのは「主体的・対話的で深い学び」、いわゆるアクティブ・ラーニングである。キーワードが〝学び〟〝ラーニング〟と、「学習」を意味する言葉になっているのが重要な点だ。

次期指導要領は、「学習」を堂々と主役の座に据えようというのである。昭和の終わりの臨教審答申から今年で三十余年、平成の時代を通してさまざまな議論が闘わされた末に、ようやく学習者主体の体制が確立するのが感慨深い。そして時代はまさに、少子高齢化や低成長の成熟社会となり、ＡＩなどを含めた情報化の急速な進展、新たな形の国際化の波にも晒されつつある。

「ゆとり」か「詰め込み」かといった〈量〉の面が過度にクローズアップされてしまい、「ゆとり」対「脱ゆとり」の構図が喧伝されて久しかったが、実は学習者主体とは〈量〉ではなく学びの〈質〉の問題なのだ。次期指導要領は、それを「主体的・対話的で深い学び」であると明示した。

「ゆとり」は本来、子どもが受け身のまま一方的に詰め込まれる内容を減らして、自ら学び自ら考える余裕を作るためのものだった。今回、子どもが自身の主体性に基づき他者と対話しながら深く学んでいくことが明確になった以上、「ゆとり」をとりたてて用意する必要もなくなる。英語の導入などで小学校の授業時数が若干増えるものの、それが真に学びの喜びを味わえる場になるならば、子どもは授業が苦にならなくなるはずだから。

一方、教師の側が対応しきれるかどうかを心配する向きもある。英語やプログラミングには不安もありそうだ。しかしそれは、教師が万能で何でも「教育」するという従来の概念に引きずられているためである。地域にはさまざまな能力を持つ大人がおり、彼らの力を借りてもいいではないか。また、教師自身が学ぶ姿勢を持ち、子どもと共に自分の学びを深めていく場合もあっていい。

要は子どもだけでなく教師、親、地域住民……、あらゆる大人が常に学び続ける生涯学習の考え方に立てばいいのである。

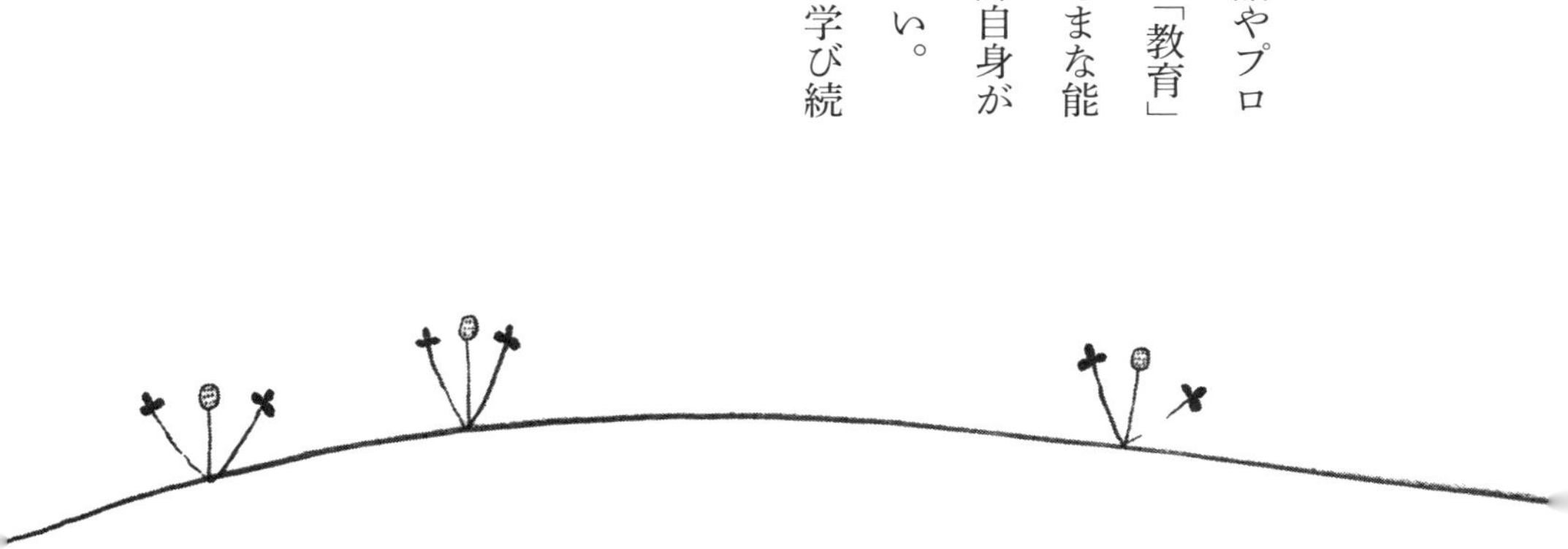

人間の将来に希望をすてない者として

汐見稔幸
Toshiyuki Shiomi

現代社会とニヒリズム

こういうゲームをしてみましょう。＊チコちゃんに聞かれていると思ってください。

「あなたは何のために保育という仕事をしているの？」

「ウーン、給料をもらいたいということもあるけど、やっぱ子どもの笑顔をいっぱい見たいからかな」

「じゃあ、何で子どもの笑顔をいっぱい見たいの？」

「ウーン、こっちも元気もらえるし、いい仕事しているという気になれるからかなあ」

「どうして子どもから元気もらいたいの？」

「ウーン、多分それが私の喜びなんだと思う」

「私の喜びっていうけど、あなたの中のどこの喜び？」

「エーッ、私の中のどこって？　うーんとね、心の深いところの喜び」

同じように周りの人に聞いてみてください。

「あなたはどうして会社に行って金融の仕事をしているの？」
「あなたはどうしてプロのサッカー選手になりたいの？」
「あなたはどうして料理がうまくなりたいの？」……

さしあたりの答えに、もっと突っ込んで、「どうして？」と聞き続けるのです。これは、簡単な方法ですが、物事を根本に戻って考える大事な手法です。

私たちは、ふだん、今日、明日、明後日のことで頭がいっぱいで、それを何のためにしているのか、考えなくなっているように思います。私自身そうです。

社会が複雑なシステムになってくると、そのシステムの一部を担うことになる私たちの日々の仕事を、システム全体と調和がとれるように、そしてシステムを壊さないようにしなければならないので、仕事の一つ一つに多大な精神エネルギーを注ぐことになります。そのため、毎日が無事終わるとホッとし、次の日のことでまた頭がいっぱいになります。そこでは仕事の質がいつも問われ、その質を上げるために「○○しなければならない」ということがどんどん増えてきます。「ねばならない」がいっ

＊ＮＨＫの番組「チコちゃんに叱られる！」より

ぱいの生活です。私たちの多くはそんな生活を送っているのではないでしょうか。

そうした生活をしていると、私は何のためにこれをしているのだろうと、原点まで戻って考えるということがどんどんできなくなります。考えても、それがすぐに明日の仕事に役立つわけではないからです。

こうして、目先目先のことに追われてどう疲れを取ろうかと思って、気がついたら、周りには、環境問題や高齢化問題や孤独死の問題、貧富の拡大問題やテロリズムの拡散問題、また、コミュニケーションの困難を感じる人や間違ったコミュニケーションで自らを疎外している人、DV・虐待などの増大の問題、原発問題や大地震対策問題と、人間の尊厳を脅かすような難問だらけの世界が登場している、というのが現実です。それらは個人の努力ではどうすることもできないと思われるような問題ですから、頭でちょっと気にして片目で見ながら、また毎日の「ねばならない」に邁進する。

その結果、誰もが問題を根本から見ることをしないで、日々の「ねばならない」で

多忙をかこつような生活が広がっている気がします。まるでミヒャエル・エンデの『モモ』の時間どろぼうに時間をみんな盗まれているような生活です。

でも、ときどき、そういう時間の流れが断ち切られるときがあります。映画[*]『終わった人』の主人公（主演・舘ひろし）のような局面に追いやられた人です。定年で仕事がなくなると、仕事に満足していたわけでもない自分、家で何もやることがない自分、妻にも子どもにも必要だと思われていない自分等を発見して、人生って一体何なんだろうと考えざるを得なくなる。でも、そういうときが本当は人間には大事なのだと思います。これこそ、先ほどのチコちゃんの質問にふだんから答えてこなかったツケなんですから。

先ほどの質問でも別の質問でも、どんな質問でもいいのですが、それに答え続けますと、人間は自分の心の深いところにある自分――それを私は「私のいのち」の世界といっていますが――の喜びのために生きているということに気がつくはずです。その深い「私のいのち」の世界は、多分、自分の喜びをいっしょに喜んでくれる他者

*原作　内館牧子

がいることを深い喜びとする世界であり、他の様々な人とのつながりの中で「私のいのち」があるということを実感させてくれる世界であり、世界がみんな共時的にも継時的もつながっていることを知ることが喜びとなる世界であり、優れた文化を創作する喜びが人々の喜びにつながることを実感できる世界であり……ということにおそらく気づくのではないでしょうか。

そうした自分への問いは、企業社会での分業システムの有能な歯車になること、地位や名誉を得ることではない、本当の「私のいのち」が求めている世界との対話の体験です。

何のために私は○○するのか、何のために生きているのか、などを問わなくなることを、私は「私のいのち」からの、あるいは「私のいのち」への問いを無化することだと思っています。それを私は「ニヒリズム」と呼びたいと思っています。現代社会は、その意味でニヒリズムが横溢してしまった社会といえるのではないでしょうか。ニヒリズムの広がりは、ときに瞬間的な感性の満足を求めさせ、瞬間で危機を

導き出します。怖いのです。

現代の教育や保育は、このニヒリズムとの闘いを課題としているのではないでしょうか。

私が保育者や教育者に「ぐうたら村」の体験、研修を呼びかけているのは、このニヒリズムと向き合い、自分の中の「こころの原点から問う」ということの喜びを体験し合いたいと思っているからです。「ボーっと生きてんじゃねーよ！」とチコちゃんに叱られないためにも、ぐうたら体験を急いで広げないといけないと思っています。

バングラデシュで学んだこと

私が教育という仕事をしていて、その仕事の意味を考え直さなければならないと思うようになったきっかけはいくつかあります。

その一つはバングラデシュでの体験でした。40代のころです。

当時バングラデシュへの支援活動をしていた人たちと出会って、私もアジアの子どもたちのために何かできないかと思い始めていました。バングラデシュという国は１９７０年代の前半にできた当時最も新しかった国で、経済建設も政治建設も教育建設もまだあまり進んでいませんでした。アジアで最も貧しい国の一つです。以前東パキスタンと呼ばれていた国ですが、今のパキスタンである西パキスタンから支配されていて、そこから独立するために独立戦争を起こした国です。

そこに学校をつくることを支援しようと、何度か仲間といっしょにバングラデシュのいろいろな村を訪れ、支援できることを探っていました。でもあるとき、そういう支援活動のおかしさに気がついたのです。

バングラデシュは国土の大半が平野で、水田が国一面に広がっているような国です。夏に行くと水牛で耕す風景があちこちに残っていて、夕方になり日が落ち始めると、その水面一面にものすごい数の蛍が舞うのです。この国の貧しさゆえに、子どもたちは学校にあまり行かず、リキシャ（人力車のことをバングラデシュではリ

キシャといいます）の運転をしたり、絨毯を織ったりして働いていました。その子たちを学校に通わせ、日本のように西洋風の勉強をさせて、自分の国の産業その他の発展は遅れている、この国を変えて産業を発展させるのが自分たちの役割だと自覚させる……。それがこの子たちの本当に望んでいることなのだろうか。そういう疑問が湧いてきたのです。そうすれば水牛を使った水田耕作はすぐなくなってしまい、耕耘機での農業が広がるだろう。人口肥料もたくさん使い、やがて農薬も使うようになるだろう。すると、きっと、いや間違いなく、夏の夕方を覆うあの無数の蛍がこの国の田んぼからいなくなってしまうだろう。里山のような風景も、田畑が区画整理されてきれいな長方形になり、自動車がどんどん走れる道が横を走る田んぼになっていくだろう。

そういう国にすることが、この子たちの望んでいることなのだろうか。私たちが勝手にそうするように仕向けているだけではないのか、それは正しいことなのだろうか。

当時人々の多くは裸足で生活をしていました。ガンジス川が氾濫するたびに、川がいろいろな栄養を運んでくるため、砂地で、肥料なしで農業ができました。草が生えても放牧されている羊が全部食べてくれるので、地面はいつもきれいに芝生状態、だから裸足で生活ができたのです。私も裸足になって歩いてみると、それは本当に気持ちがよいものでした。地面に足の肌がくっつく生活は、何かを思い出させてくれました。私たちは履き物を履くようになって、地球や地面に対する感性を失ってしまったのではないか、とさえ思えました。

ある日、夕日が沈み始めるころ、いつものように一日の仕事を終えた農民たちが農具を肩にかついで静かに家路につきます。そんな中、道端の石に腰を下ろして休んでいる一人の長い白ひげの老人を見つけました。とても精悍な顔つきをした人で、鋭い目をして、ずっと西日の方を見ています。

私は、この人は何を見て何を考えているのだろうと、瞬間思いました。おそらくこの人は学校にも行ったことがなく、ひょっとしたら書物も読んだことがなく、これまでの一生をただひたすら誠実に働いてきたのだろうと思いました。その彼が夕

日を見ながらじっと何かを考えている。私はそのとき、とっさに、ある人物を思い出しました。ソクラテスです。テレビや新聞もなく書物もさしてない時代に、つまり自分に直接かかわらない情報がほとんど届かない時代に、人々は何をどう考えて生きていたのか。長い人類の歴史を通じて、大部分の人はこうして、ひたすら土にまみれて仕事をし、そこで、その場で、何かを考えて生きてきたのです。そして、これが哲学するということなのかと、そのときその老人の顔を見ながら思ったのです。そこで、身の丈に合った人生、というものの大事さを私は忘れているのではないか、と思いました。その人の身の丈ではありません。人間の身の丈、です。

現代でも通じる大きな宗教は、すべて二千数百年前から千数百年前につくられたものですが、それが生まれたころの人々の生活ぶり、その生活ぶりによって刻まれた顔は、みなこの老人のようなものだったのではなかったか、と思ったのです。

彼は日々誠実に畑を耕して、実りを祈りながら生き、その中で恋をして、子どもをつくるという、ただそれだけの人生を歩んできたのかもしれません。しかし人間というのは本来そういう生き物であり、それが最も大事な生き方ではないのか。複雑な社会をつくって、地位や名誉やお金を目的とする人生をみな、生きていますが、本当の身の丈に合った生き方は、こういうものなのではないのか。

私たちはこの人に勝てないな、と思ったのです。現代文明って何だろう、とも思いました。複雑になった社会の論理にかまけて、速さや、生産性の高さや地位や名誉や……というような論理の上で、まるで勝ち負けでもあるかのような生活をしている私たちは、ただこんな風にどっしりとそこに生きて、ものごとを日々感じて、反芻し、ときに感謝しているこの人には、生きるとは何かと感じる深さにおいてまったく勝てないのです。

生きるということは虚飾を誇りに思うことではなく、与えられた命を誠実に生きること。それぞれがそれぞれの場所に生を受け、他の生物の命を頂きながら、つながり合っている喜びを実感して懸命に生きること。人々と語り合い、笑い合いながら生きること。人間の本来的な姿というのは、結局それだけのことではないのか、

と気づいたのです。

むしろ、バングラデシュに来て、懸命に生きている人たちと交流をすることこそ私のしたいことではないか、この地の子どもたちに私たちの勝手な論理を押しつけて、自分らが遅れているということを知らしめる教育をする手伝いをすることではないのではないか。この地のことは、この地の子どもたち、大人たちが決めることであって、その自己決定を応援すること、その決定と交流すること、これが私たちのやることではないか。

このことが、私の「発達」というものへのとらえ方の反省になりました。子どもの「発達」もバングラデシュの「発展」も、共に英語ではdevelopmentです。同じ語なのです。近代的な価値を至上価値として、その個人における価値実現のために行う教育が「近代教育」であり、その方向に社会が変化していくことがdevelopment「近代化」なのです。近代社会がそろそろ限界に来ている現代、近代社会を担う人間を育てる「教育」もそろそろラディカルに見直さねばならないのではないか、と思うようになったのです。

「不易」に戻り、出発点とする

松尾芭蕉が言った「不易流行」という、俳句の世界の言葉があります。「不易」は、新古を超越した落ち着きのあるもの、「流行」は文字通りそのときどきにあって斬新さを発揮するものです。このいい方でいうと、今は「流行」のほうがやたらと忙しい時代です。

その流行の底流を流れているのが近代の科学技術ですが、この科学技術は「人は関係性の中に存在している」ということをあまり重視せず、また「あらゆるものは関係の中で存在している」ということも置き去りにして、個別に切り離してその内的論理や法則性を明らかにしようとする傾向が強いものでした。だからあれこれ明らかにできたという面が確実にあります。すべて関係性の中で明らかにするのだとしたら、とても面倒で、学的成果もなかなか上がらなかったでしょう。でも、こうし

た学的傾向は、自分の好きなもの、必要なものを全体とのつながりから切り離して、自分の都合のよい方向で理論化したり技術化したりするため、効率は高いのですが、逆に、自分を存在させてくれているもの、その関係性は次第に見えなくなっていきます。そうして見えてきたものは真実、真理の一部であるでしょうが、全体から切り離された個別という意味では、本当の真理、真実から遠い可能性があります。それを疑わないで真理・真実と思い込むのは、一つの宗教かもしれないと私は思っています。そんな宗教が覆っていた時代もそろそろ終わりにしないといけないのではないか。でないと地球を守れないと思うのです。

それと、経済成長、成長神話というのも文字通りの神話、宗教だと思います。経済成長なくして人は幸せにはなれない、などということは人類の歴史を見ればすぐわかりますが、到底あり得ません。これも一つの「宗教的な流行」だったのだと思います。

私は、こういう時代だからこそ現代の「流行」の特徴と趨勢をきちんと見極めながら、もう一度「不易」にこだわってみようよ、と思っています。そして「不易」とは何かということを探るには、「流行」が見落としてきた、関係性の中でしかモノは存在しないし人間も生きていけない、という事実から見直してみることがわかりやすいと考えています。

知り合いに清水えみ子さんという名物園長だった人がいます。『ちがうぼくととりかえて』など、子どもの言葉を集めた興味深い本も若いころから出版されている方です。この清水さんと、私は品川区の八潮団地に引っ越したばかりのときに、団地の母親対象の子育て相談会をいっしょにやっていました。当時清水さんはできたばかりの八潮団地の幼稚園の園長をされていました。

あるとき、清水さんがみんなの前で子育てのヒントになるような話をまとめてされたとき、司会をしていた私は「清水先生に何か聞きたいことはありませんか？」と参加者に聞きました。すると前席のお母さんが手をあげて、「清水先生はどうして子どものことをそんな風に見ることができるんですか？　清水先生はどういう風に育てられたんですか？」――こんな質問をされたのです。

答えに困った清水さんは「あのね、私の母はこんな人だったの。あるとき、使っていたお茶碗が割れたの。私の母は、その破片をていねいに集めて、手のひらに載せて、しげしげとそれを眺めていたの。それで、ひとこと、『長い間ご苦労さん』って言ってね、それから新聞紙か何かでくるんで捨てたの。そんな人でした」。これだけを語りました。みんな、何か、納得した顔をしていました。

そのときの清水さんの言葉の意味するところを私はずっと考えてきました。どうして昔の人は、たった一つの茶碗に「長い間ご苦労さん」と心を込めて言えたのだろうか。これは演技ではない。おそらく、清水さんの母親は明治時代の人で、茶碗一つつくるのに、人間が粘土をこね、ろくろを回し、釉薬をかけ、高熱で焼いて、やっとできるということを知っていたはずです。つまり、茶碗一つの後ろに、それをつくってくれた人の努力や思いが見えていたのではないか、と思ったのです。だから感謝が自然とできる。

モノの後ろに人が見える。これがそれまでの人間とモノとの関係ではなかったのか。この服をつくってくれたのは……この家具をつくってくれたのは……この家を建ててくれたのは……、モノの後ろにヒトが見える。さらに、人は自然に生かされていることを日々実感していて、自然と上手につながってこそ幸せが来ると心から思っている。だから周囲の動物にもエサを残してやらねば、というような共生の大切さを実感していたのではないか。「情けは人のためならず」というのは、私は様々な人につながって生きているということをわかりやすくいったものではなかったのか……等々。余ったものはみんなで分ける。恩があれば返すし、動物も『夕鶴』の鶴のように、人に恩を返すということを知っていたのではないか。

そう思うと、近代社会になって激しい「流行」が襲ってきたときに、この「人も、モノもつながってある」ということを忘れだしたのではなかったか、と思い至ったのです。せっかく自分の羽根を使って編んだ織物をお金に換えるために売る、というのはそれまでの人間がしなかった行為なのではないか。そこに「つながってある」ということの大事さを理解しなくなった人間に新しい欲望と傲慢さが生まれ、私の、

「流行」の社会生活でつくられた欲望が満たされることがまず大事だ、という哲学が庶民レベルでも発生したのではないか。いつしか誰もそれに気がつかなくなっているのではないか。そう思いだしたのです。

しかも、『夕鶴』のつうのように、人は、自分にあるものを、みんなのために差し出すことを喜びとしていたのではないか、とも思いだしたのです。交換するのではなく、贈与することを喜びとする、ということです。それが関係の中に生きる人間の最も基本のモラルであり、生きざまだったのではないか、ということです。

関係の中にある、関係に様々に支えられて今の私があるのだとすると、関係の中で苦しんでいる人がいれば、そうでない人は、差し出せるものを差し出してその人に贈与すればいい、見返りなどいらない。ただそれだけでいいのではないでしょうか。

関係の中でしか存在し得ない。そう実感すると、能力の高い・低いで人間を差別化することはおかしいと見えてきます。たしかに身体能力が高いとか計算力が秀でているとか、人間には能力に違いはあるでしょう。でも、そういう様々な人がいてモノがあって関係の多様性がつくられ豊かさが生まれているのであれば、その要素である個々の生き物、モノはそれぞれに存在する固有の意味を持っていることになります。違いがあるから多様で、それぞれの特性の違いがシステムをつくっているのです。当然、個々の要素をある基準で分けて差別することはシステムを壊すことにつながり、許されない、となるのではないでしょうか。障害者だからと分けて教育することは善意に見えますが、全体から、全体にはいらないモノを切り離して、残りを機能の高いものにするという論理につながってしまいます。これは近代の「流行」の論理です。「不易」はそうではなかった。逆に「不易」はつなげることを大事にしてきましたし、全体的な発想がないと「弱く」見える存在には固有の価値があることを見抜いていました。

今は、分けて効率を高めてきた「流行」の論理を克服するために、「分けない」で逆に「つなげる」ことが課題となっているように思います。注目したいのは「流行」の中で排除されてきたモノに固有の意味を見出し、それを「つなげて」古くて新しい

「不易」を創造することです。
「分ける」に対して「分けない」「つなげる」を対置する、「強さ」ではなく「弱さ」に固有の価値を見出す、「大きくする」のでなく「小さくする」、「早く・速く」ではなく「ゆっくり・スロー」を原理にする、「交換する」のではなく「贈与する」ことを目標にする、等々の論理と実践で、現代だからこそできる「不易」の世界の再創造こそが課題になっていると思うのです。

あらためて、21世紀の教育学・保育学に向けて

私は、自分が身を置いている「教育学」とは何なのだろうとずっと悩んできました。

昔の人は、今のように分化した学問をしていたわけではありません。人間が知りたいと思って思索してきたことは、はじめに申し上げたように、「どうして……？」と掘り下げていけば、似たような問いに行き着くからです。プラトンでもアリスト

テレスでも、中世のスコラ哲学でもデカルトやヘーゲル、カントのような近代の哲学者でも、宇宙のこと、社会のこと、人間のこと、国家のこと、制度のこと、健康のことなど、多様なテーマに関心を持って全部を模索しました。それが自然だと思うのです。

そういうこともあるのでしょうが、私は教育学の場に身を置きながら、人間とは？科学とは？人間の平等とは？など、若いころに興味を持ったことを、一つに絞らないで、もっと突っ込んで考えてみたいと思いました。高校生のころには、受験的な学校教育に疑問を抱き、今でいう不登校に近い状態で生きていましたから、教育とは何かということにもひとかたならぬ関心は持っていました。学校の教師たちと共同研究をすることを大事にしてきましたので、個別の学力問題にも関心はありました。が、それよりももっと原理的なことに関心が一貫して向いていたと思います。

大学院に入った当初は、数学がわかるとはどういうことかということに関心を向けましたので、必死になって数学を勉強してみました。次にやはり日本が最初の公

害王国になったことを考えなければいけないと思い、西洋の科学をどういう風に取り入れていったのかを研究してみたいと思いました。そのために科学史のことを懸命に勉強してみました。江戸末期に西洋の科学と出会って必死に取り入れようとした佐久間象山に興味を持ちましたが、修論には結局、人間とか教育を深いところから考察できると思って〝生活綴方教育〟を取り上げました。それを学問的に分析するために、言語学や言語心理学の勉強をしたことを覚えています。その他にも学んだ学問は多くありますが、教育学というのは発達学や心理学、哲学、社会学、人類学、政治学、生理学、脳科学等の到達点をしっかりふまえて、その方法を駆使しながら、教育という現象を分析する——それがわかりやすい方法なのです。がしかし、それしか研究スタイルはないのか、教育学固有の方法・ディシプリンはないのか、ということが一貫した私の問いでした。こうした関連学問を教育学の基礎学というとすると、教育学はそうした基礎学として何かを選び、その到達を我がものにしながら、個別の教育現象の何かを研究対象として選んで、その基礎学の手法を用いて対象を切って

いく、そういう学問なのです。そうなのですが、それでいいのか、という問いです。

そうした課題はあるのですが、しかしこれからの教育学や保育学は、どういう基礎学をベースにするかをもっと活発に議論してほしいと思っています。しかも、これまで述べてきたように、その基礎学自体が「流行」と「不易」の葛藤の中で揺れているのです。ですから、教育や保育を追究したいと思っている人は、その基礎学自体のあり方自体を問う、という営みに参入してきてほしいと強く思っています。ここでは詳しく触れられませんが、戦後の教育学や保育学には、戦後レジームの影響が強くあり、資本主義対社会主義とか、進歩と反動とか、保守と革新とか、様々な二分法的な分類がまずあり、その分類の中での立ち位置を決めてから、その位置の色眼鏡で現実を見るというやり方を長くしてきました。私も若いころそうして自分は正しい位置にいると思い込んでいたことがあり、はじめに述べた「どうして……？」ということを深く追究する姿勢を忘れていたことがあります。でも、近代社会そのものをもっと大きく相対化することの大事さを身にしみて理解してから、基礎学自

体を「不易」に基づいて新たにつくり出すことが大事と思うようになりました。

私たちが「ぐうたら村」を八ヶ岳につくって、そこでこれ以上地球をいためない生き方・生活の仕方をあれこれ学び・模索しながら、人間の身の丈に合った幸せとは何かを探り合おう、そのための保育と教育について語り合おう、と呼びかけているのは、こうした背景があるからです。そこは新しい保育者等の研修の場・交流の場ですが、これからの時代に必要な人間形成のための学問の育つ場であるとも思っています。ぜひみなさんに参加していただきたいと思っています。

編著者

無藤 隆（むとう　たかし）

白梅学園大学大学院　特任教授、白梅学園大学　名誉教授、国立教育政策研究所　上席フェロー

●専門分野●発達心理学・教育心理学、幼児教育・保育教育、小学校教育

●著書など●『現場と学問のふれあうところ』新曜社　２００７年／『幼児教育のデザイン─保育の生態学』東京大学出版会　２０１３年／『幼児期の終わりまでに育ってほしい10の姿』東洋館出版社　２０１８年（編著）

大豆生田 啓友（おおまめうだ　ひろとも）

玉川大学　教授、日本保育学会　副会長

●専門分野●乳幼児教育学・保育学

●著書など●『あそびから生まれる動的環境デザイン』学研みらい　２０１８年／『21世紀型保育の探求─倉橋惣三を旅する』フレーベル館　２０１７年／『子育てを元気にすることば』エイデル研究所　２０１７年

松永 静子（まつなが　しずこ）

秋草学園短期大学　地域保育学科　教授

●専門分野●保育学、乳児保育の質、保育環境、園内研修

●著書など●『保育方法・指導法』（「最新保育講座」６）ミネルヴァ書房　２０１２年（共編著）／『保育原理　第２版』（「基本保育シリーズ」１）監修：公益財団法人児童育成協会　中央法規出版　２０１７年（共編著）／『０・１・２歳児 担任のおしごと まるわかり！』学陽書房　２０１８年（共編著）

執筆者

秋田 喜代美（あきた　きよみ）

東京大学大学院　教育学研究科　教授、同附属　発達保育実践政策学センターセンター長

●専門分野●学校教育学、保育学、教育心理学

●著書など●『保育の心意気』ひかりのくに　２０１７年／『子どもたちからの贈り物─レッジョ・エミリアの哲学に基づく保育実践』萌文書林　２０１８年（共編著）／『リーダーは保育をどうつくってきたか』フレーベル館　２０１８年

佐伯 胖（さえき　ゆたか）

田園調布学園大学大学院　人間学研究科　教授、東京大学・青山学院大学　名誉教授、信濃教育会教育研究所　所長、日本認知科学会　フェロー

●専門分野●教育学、認知科学、幼児教育学

●著書など●『幼児教育へのいざない』［増補改訂版］東京大学出版会　２０１４年／『共感─育ち合う保育のなかで─』ミネルヴァ書房　２００７年（編著）／『子どもを「人間としてみる」ということ』ミネルヴァ書房　２０１３年（共著）

河邉 貴子（かわべ　たかこ）

聖心女子大学　現代教養学部教育学科　教授

●専門分野●幼児教育学

●著書など●『遊びを中心とした保育』萌文書林　２００５年／『保育記録の機能と役割─保育構想につながる「保育マップ型記録」の提言─』聖公会出版　２０１３年／『幼児期における運動発達と運動遊びの指導』ミネルヴァ書房　２０１４年（共編著）

Profile

一見 真理子（いちみ　まりこ）
国立教育政策研究所 国際研究・協力部および幼児教育研究センター 総括研究官
●専門分野●比較教育学、教育史、アジア地域の幼児教育政策
●著書など●『世界の幼児教育・保育改革と学力』明石書店 2008年（共編著）／『OECD保育白書 人生の始まりこそ力強く：乳幼児期の教育とケア（ECEC）の国際比較』明石書店 2011年（共編訳）／『OECD保育の質向上白書 人生の始まりこそ力強く：ECECのツールボックス』明石書店 2019年（共編訳）

鈴木 まひろ（すずき　まひろ）
社会福祉法人わこう村 和光保育園 理事長・園長、全国私立保育園連盟 保育・子育て総合研究機構 前代表
●著書など●『子どもに学んだ和光の保育 希望編　育ちあいの場づくり論』ひとなる書房 2015年（共著）／『子ども・子育て支援と社会づくり』ぎょうせい 2017年（共著）

大日向 雅美（おおひなた　まさみ）
恵泉女学園大学 学長、NPO法人あい・ぽーとステーション 代表理事
●専門分野●発達心理学、ジェンダー論
●著書など●『「子育て支援が親をダメにする」なんて言わせない』岩波書店 2005年／『［増補］母性愛神話の罠』日本評論社 2015年／『［新装版］母性の研究』日本評論社 2016年

太田 素子（おおた　もとこ）
和光大学 現代人間学部心理教育学科 教授、幼児教育史学会 会長
●専門分野●教育学・教育思想史（保育思想史・保育内容史）
●著書など●『子宝と子返し―近世農村の家族生活と子育て』藤原書店 2007年／『近世の「家」と家族―子育てをめぐる社会史』角川学芸出版 2011年／『保育と家庭教育の誕生　1890-1930』藤原書店 2012年（共編著）

根ケ山 光一（ねがやま　こういち）
早稲田大学 人間科学学術院 教授
●専門分野●発達行動学
●著書など●『発達行動学の視座』金子書房 2002年／『〈子別れ〉としての子育て』日本放送出版協会 2006年／『アロマザリングの島の子どもたち』新曜社 2012年

菅原 ますみ（すがわら　ますみ）
お茶の水女子大学 基幹研究院 人間科学系 教授
●専門分野●教育心理学、パーソナリティ心理学、発達精神病理学
●著書など●『個性はどう育つか』大修館書店 2003年／『子ども期の養育環境とQOL―格差センシティブな人間発達科学の創成』金子書房 2012年（編）／『貧困と保育』かもがわ出版 2016年（共編著）

佐々木正人（ささき　まさと）
多摩美術大学 美術学部統合デザイン学科 教授

●専門分野●生態心理学

●著書など●『レイアウトの法則』春秋社 ２００３年／『アフォーダンス入門』講談社学術文庫 ２００８年／『新版 アフォーダンス』岩波科学ライブラリー ２０１５年

仙田 満（せんだ　みつる）
環境建築家、東京工業大学 名誉教授、環境デザイン研究所 会長、こども環境学会 代表理事

●専門分野●建築学、環境デザイン

●著書など●『こどものあそび環境』筑摩書房 １９８４年、鹿島出版会 ２００９年／『こどもの庭―「園庭・園舎30」』世界文化社 ２０１６年／『こどもを育む環境 蝕む環境』朝日新聞出版 ２０１８年

平田智久（ひらた　ともひさ）
十文字学園女子大学 名誉教授、教育美術振興会 理事、幼児造形教育研究会会長、越谷保育専門学校 参与、幼保連携型認定こども園みさとさくらの森園長

●専門分野●造形発達、造形表現

●著書など●『みんないきいき 絵の具で描こう！』サクラクレパス出版部 ２０１４年（共著）／『実践！ 造形あそび』ナツメ社 ２０１５年（監修）／『すべての感覚を駆使してわかる 乳幼児の造形表現』[第２版] 教育情報出版 ２０１９年（共編著）

上遠恵子（かみとお　けいこ）
エッセイスト、レイチェル・カーソン日本協会 会長

●著書など●レイチェル・カーソン『センス・オブ・ワンダー』新潮社 １９９６年（訳）／レイチェル・カーソン『海辺―生命のふるさと』平凡社ライブラリー ２０００年（訳）／『いのちと地球を愛した人』日本キリスト教団出版局 ２０１３年

吉岡 淳（よしおか　あつし）
カフェスロー、カフェローカル、スローツアー 代表、たまりばユネスコ倶楽部 代表、ＮＨＫ文化センター 世界遺産講座 講師、大妻女子大学短期大学部 非常勤講師

●専門分野●環境教育、世界遺産学、文明論

●著書など●『カフェがつなぐ地域と世界―カフェスローへようこそ』自然食通信社 ２００４年／『スローなカフェのつくりかた』自然食通信社 ２００９年（監修）／『しあわせｃａｆｅのレシピ―カフェスローものがたり』自然食通信社 ２０１２年（共編著）

小西貴士（こにし　たかし）
写真家、インタープリター、「ぐうたら村」管理人、大妻女子大学 非常勤講師

●専門分野●インタープリテーション（自然解説）、環境教育

●著書など●『子どもは子どもを生きています』フレーベル館 ２０１３年（写真・ことば）／『また おこられてん』童心社 ２０１６年／『小さな太陽―倉橋惣三を旅する』フレーベル館 ２０１７年（写真）

Profile

福川 須美（ふくかわ　すみ）

駒沢女子短期大学 名誉教授、NPO子ども家庭リソースセンター 理事長

●専門分野●家族社会学

●著書など●『保育の質と保育内容—保育者の専門性とは何か』（「保育の理論と実践講座」第2巻）新日本出版社 2009年（共著）／『実践家庭支援論』ななみ書房 2011年（共著）／『家庭的保育の基本と実践』［第3版］福村出版 2017年（共著）

小玉 重夫（こだま　しげお）

東京大学大学院 教育学研究科 教授

●専門分野●教育哲学、アメリカ教育思想、戦後日本の教育思想史

●著書など●『シティズンシップの教育思想』白澤社 2003年／『難民と市民の間で—ハンナ・アレント『人間の条件』を読み直す』現代書館 2013年／『教育政治学を拓く—18歳選挙権の時代を見すえて』勁草書房 2016年

深津 高子（ふかつ　たかこ）

AMI（国際モンテッソーリ協会）公認教師、モンテッソーリ教師養成コース 通訳、一般社団法人「AMI友の会NIPPON」副代表、「ピースボート洋上子どもの家」アドバイザー

●著書など●スーザン・M・スティーブンソン『デチタ　でちた　できた！』ウインドファーム 2011年（翻訳・監修）／児童向け伝記絵本『マリア・モンテッソーリ』てらいんく 2008年（企画制作・監修）／マリオ・M・モンテッソーリ『人間の傾向性とモンテッソーリ教育』風鳴舎 2016年（翻訳・監修）

榊原 洋一（さかきはら　よういち）

小児科医、お茶の水女子大学 名誉教授、CRN（チャイルド・リサーチ・ネット）所長、日本子ども学会 理事長

●専門分野●小児神経学、発達小児科学

●著書など●『子どもの脳の発達 臨界期・敏感期』講談社 2004年／『発達障害と子どもの生きる力』金剛出版 2009年／『脳の発達科学』新曜社 2015年（共編）

中川 信子（なかがわ　のぶこ）

言語聴覚士、「子どもの発達支援を考えるSTの会」代表

●専門分野●言語発達〔障害と支援〕

●著書など●『子どものこころとことばの育ち』大月書店 2003年／『発達障害とことばの相談』小学館 2009年／『Q&Aで考える 保護者支援 — 発達障害の子どもの育ちを応援したいすべての人に』学苑社 2018年

吉田 直哉（よしだ　なおや）

大阪府立大学大学院 人間社会システム科学研究科 准教授

●専門分野●教育人間学、保育学

●著書など●『保育原理の新基準』［再訂版］三恵社 2018年（編著）『子育てとケアの原理』北樹出版 2018年（共著）／『子どもの未来を育む保育・教育の実践知』北大路書房 2018年（共著）

奥地 圭子（おくち　けいこ）

NPO法人東京シューレ 理事長、学校法人東京シューレ学園 学園長、「登校拒否・不登校を考える全国ネットワーク」「全国不登校新聞社」「フリースクール全国ネットワーク」代表理事

●著書など●『不登校という生き方―教育の多様化と子どもの権利』NHK出版 2005年／『子どもをいちばん大切にする学校』東京シューレ出版 2010年／『教育機会確保法の誕生―子どもが安心して学び育つ』東京シューレ出版 2017年（共著）

増山 均（ましやま　ひとし）

早稲田大学 名誉教授

●専門分野●社会福祉学、社会教育学、児童福祉論、児童文化論

●著書など●『教育と福祉のための子ども観』ミネルヴァ書房 1997年／『子育て支援のフィロソフィア―家庭を地域にひらく子育て・親育て』自治体研究社 2009年／『アニマシオンと日本の子育て・教育・文化』本の泉社 2018年

寺脇 研（てらわき　けん）

星槎大学大学院 教育学研究科 教授、京都造形芸術大学 客員教授、映画評論家、落語評論家、私塾「カタリバ大学」主宰、元 文科省・文化庁官僚

●著書など●『国家の教育支配がすすむ―「ミスター文部省」に見えること』青灯社 2017年／『これからの日本、これからの教育』筑摩書房 2017年（共著）／『危ない「道徳教科書」』宝島社 2018年

汐見 稔幸（しおみ　としゆき）

東京大学 名誉教授、白梅学園大学 名誉学長

一般社団法人家族・保育デザイン研究所 代表理事、臨床育児・保育研究会 代表、日本保育学会 会長、日本教育学会 常任理事

1947年 大阪府生れ

東京大学教育学部卒、同大学院博士課程修了。

東京大学大学院教育学研究科講師・助教授・教授を経て、2007年10月から2018年3月まで、白梅学園大学教授・学長を務め、現在は名誉学長。

専門は教育学、教育人間学、保育学、育児学。育児学や保育学を総合的な人間学と考え、そこに学問の光を注ぎたいと願う。また、教育学を出産、育児を含んだ人間形成の学として位置づけ、その体系化を与えられた課題と考えている。

1995年、保育者たちと臨床育児・保育研究会を立ち上げ、定例の研究会を現在も継続中。同時に同会発行の保育雑誌『エデュカーレ』の責任編集者でもある。

また、2012年より山梨県北杜市につくった「ぐうたら村」では、保育や教育をキーワードとして出会った仲間たちと、「身の丈にあった豊かで持続可能な暮らし」を目指し、パーマカルチャーや自然農の視点を取り入れた農的な暮らしの実践から、楽しんで、身体で学び、人と交流し、その豊かさに学びつつ、保育や教育のあり方を探る場として活動を続けている。

後書きに寄せて

本書は、２０１９年2月11日の「感謝の集い〝２０５０年も汐見稔幸先生と語ろう〟」において、記念出版されたものです。汐見先生の研究および活動の領域は実に多岐にわたっています。本書は、そうした先生の研究や活動にかかわってきた多様な分野の専門家にその現在・過去・未来を語ってもらいたいと企画しました。

このお祝いの会の企画にかかわった無藤先生、松永先生と共に本書の内容を企画構成しましたが、実際にできあがってみると、子どもや人間の教育を中心とした錚々たるメンバーにご執筆いただくことになりました。これは、実にすごいことです。現在の子ども・人間・教育・保育をめぐる最先端の本になったのではないかと思います。最後の汐見先生による汐見論に至るまで、実に読み応えがあり、企画して本当によかったと思っています。

この企画の実現にかかわってくださった会の企画委員のみなさま、片岡弘子さんはじめウィルの方々、エイデル研究所の長谷吉洋さんにはたいへんお世話になりました。心より、感謝申し上げます。

大豆生田　啓友

Staff

装幀

野田和浩

本文デザイン

フレーズ（大薮胤美）

イラスト

すがわらけいこ

編集

長谷吉洋

Will（片岡弘子）

橋本明美・中村緑

DTP

Will（新井麻衣子）

校正

中野明子・村井みちよ

教育・保育の現在・過去・未来を結ぶ論点
――汐見稔幸とその周辺

2019年3月1日　第1版　第1刷発行

編著者　無藤隆、大豆生田啓友、松永静子

発行者　大塚孝喜

印刷・製本　中央精版印刷株式会社

発行所　エイデル研究所

102-0073　東京都千代田区九段北4-1-9

TEL 03-3234-4641 FAX 03-3234-4644

ISBN　978-4-87168-629-7